1000

संविधान प्रश्नोत्तरी

ज्ञान का विश्वकोश : प्रश्नोत्तरी श्रृंखला

- 1000 स्वामी विवेकानंद प्रश्नोत्तरी
- 1000 गांधी प्रश्नोत्तरी
- 1000 कलाम प्रश्नोत्तरी
- 1000 जीव-जंतु प्रश्नोत्तरी
- 1000 भूगोल प्रश्नोत्तरी
- 1000 इतिहास प्रश्नोत्तरी
- 1000 स्वाधीनता संग्राम प्रश्नोत्तरी
- 1000 हिंदी साहित्य प्रश्नोत्तरी
- 1000 खेलकूद प्रश्नोत्तरी
- 1000 गणित प्रश्नोत्तरी
- 1000 भौतिक विज्ञान प्रश्नोत्तरी
- 1000 रसायन विज्ञान प्रश्नोत्तरी
- 1000 पर्यावरण प्रश्नोत्तरी
- 1000 खगोल विज्ञान प्रश्नोत्तरी
- 1000 विज्ञान प्रश्नोत्तरी
- 1000 महापुरुष प्रश्नोत्तरी
- 1000 भारतीय संस्कृति प्रश्नोत्तरी
- 1000 रामायण प्रश्नोत्तरी
- 1000 महाभारत प्रश्नोत्तरी
- 1000 फिल्म प्रश्नोत्तरी
- 1000 राजनीति प्रश्नोत्तरी
- 1000 हिंदू धर्म प्रश्नोत्तरी
- 1000 संविधान प्रश्नोत्तरी
- 1000 संगीत प्रश्नोत्तरी
- 1000 समाजशास्त्र प्रश्नोत्तरी
- 1000 भारत ज्ञान प्रश्नोत्तरी
- 1000 हिंदी वस्तुनिष्ठ प्रश्नोत्तरी
- 1000 कंप्यूटर-इंटरनेट प्रश्नोत्तरी
- 1000 वास्तुशास्त्र प्रश्नोत्तरी
- 1000 सामान्य ज्ञान प्रश्नोत्तरी
- 1000 अर्थशास्त्र प्रश्नोत्तरी
- 1000 पत्रकारिता एवं जनसंचार प्रश्नोत्तरी
- सचिन तेंदुलकर प्रश्नोत्तरी
- अंतरिक्ष प्रश्नोत्तरी
- डायबिटीज प्रश्नोत्तरी
- स्वास्थ्य प्रश्नोत्तरी
- 1000 दिल्ली प्रश्नोत्तरी
- 1000 उत्तराखंड प्रश्नोत्तरी
- 1000 मध्य प्रदेश प्रश्नोत्तरी
- 1000 बिहार प्रश्नोत्तरी
- 1000 झारखंड प्रश्नोत्तरी
- 1000 उत्तर प्रदेश प्रश्नोत्तरी

1000
संविधान प्रश्नोत्तरी

अनिल कुमार मिश्र

सत्साहित्य प्रकाशन, दिल्ली

प्रकाशक : **सत्साहित्य प्रकाशन**
694-ए, (पहली मंजिल) चावड़ी बाजार, दिल्ली-110006
 / संस्करण : 2026 / मूल्य : पाँच सौ रुपए
मुद्रक : आर-टेक ऑफसेट प्रिंटर्स, दिल्ली ISBN 978-81-7721-173-3

1000 SAMVIDHAN PRASHNOTTARI
by Shri Anil Kumar Mishra ₹ 500.00
Published by **SATSAHITYA PRAKASHAN**
694-A, (First Floor) Chawri Bazar, Delhi-110006

पुरोवाक्

शिक्षा से लेकर परीक्षा तक, जन साधारण से लेकर उच्चतम न्यायालय तक अकसर संविधान की चर्चा की जाती है, किंतु संविधान के बारे में तथ्यपूर्ण एवं व्यवस्थित जानकारी गिने-चुने लोगों को ही है। विभिन्न कारणों से आम आदमी भारत के संविधान के बारे में प्राय: अनभिज्ञ ही है, जबकि उसके मन में संविधान के बारे में समय-समय पर विविध प्रश्न उठते रहते हैं।

प्रस्तुत पुस्तक इसी दिशा में उठाया गया एक कदम है, जिसमें प्रश्नात्मक शैली में संविधान संबंधी जिज्ञासाओं का समुचित समाधान किया गया है। भारतीय संविधान की रचना कब, क्यों और किन परिस्थितियों में की गई आदि के संबंध में तथ्यपरक जानकारी के लिए पुस्तक के आरंभ में संविधान-रचना की पृष्ठभूमि, संविधान-सभा के गठन, संविधान के स्वरूप आदि का निरूपण किया गया है, इसी प्रकार संविधान में निरूपित विभिन्न विषयों को शीर्षकबद्ध प्रस्तुत करने का प्रयास किया गया है।

आशा है, सभी वर्गों के पाठकों को यह पुस्तक पसंद आएगी।

—अनिल कुमार मिश्र

विषय-सूची

1

संविधान-रचना की पृष्ठभूमि

1. संविधान क्या है ?
   (क) देश के कानूनों का संग्रह
   (ख) देश के शासन-प्रबंध से संबद्ध नियमों का एक दस्तावेज
   (ग) देश की स्वतंत्रता से संबंधित महत्त्वपूर्ण प्रपत्रों का संग्रह
   (घ) देश के नियमों का एक दस्तावेज
2. भारत के संविधान की रचना की पृष्ठभूमि में मूल कारण क्या था ?
   (क) अंग्रेजों का अत्याचार
   (ख) राजाओं की स्वार्थपरता
   (ग) भारत पर अंग्रेजों का उत्पीड़क शासन एवं स्वतंत्रता की चाह
   (घ) राजाओं और रियासतों में आपसी फूट
3. भारत में अंग्रेज क्यों आए थे ?
   (क) भारतीयों पर शासन करने
   (ख) संस्कृति का अध्ययन करने
   (ग) साहित्य का अध्ययन करने
   (घ) व्यापार करने
4. भारत में व्यापार के लिए आनेवाली ब्रिटिश कंपनी का क्या नाम था ?
   (क) ईस्ट-वेस्ट बिजनेस कंपनी
   (ख) इंडियन ऑर्डिनेंस कंपनी
   (ग) ब्रिटिश कॉमनवेल्थ कंपनी

उत्तर के लिए कृपया पृष्ठ सं. 188 देखें।

(घ) ईस्ट इंडिया कंपनी

5. ईस्ट इंडिया कंपनी की स्थापना कब हुई थी?

(क) सन् 1600 में (ख) सन् 1595 में

(ग) सन् 1598 में (घ) सन् 1599 में

6. ईस्ट इंडिया कंपनी ने भारत में कब से व्यापार शुरू किया था?

(क) सन् 1600 से (ख) सन् 1605 से

(ग) सन् 1606 से (घ) सन् 1509 से

7. व्यापार के लिए भारत में आई ईस्ट इंडिया कंपनी ने यहाँ के शासन-प्रबंध में दखलंदाजी कब और क्यों शुरू की?

(क) सन् 1759 में ब्रिटिश शासन से अधिकार प्राप्त कर

(ख) सन् 1760 में ब्रिटिश शासन से अधिकार प्राप्त कर

(ग) सन् 1762 में ब्रिटिश सरकार से अधिकार प्राप्त कर

(घ) सन् 1765 में मुगल सम्राट् शाहआलम से दीवानी का अधिकार प्राप्त कर

8. भारत में ईस्ट इंडिया कंपनी के बढ़ते राजनीतिक हस्तक्षेप के मद्देनजर ब्रिटिश सरकार ने क्या किया?

(क) व्यापार ऐक्ट, 1770 बनाया

(ख) रेग्यूलेटिंग ऐक्ट, 1773 बनाया

(ग) प्रशासनिक ऐक्ट, 1775 बनाया

(घ) फ्रेंडशिप ऐक्ट, 1776 बनाया

9. रेग्यूलेटिंग ऐक्ट, 1773 को 'भारत का प्रथम लिखित संविधान' किसने कहा था?

(क) डॉ. भीमराव अंबेडकर (ख) पं. जवाहरलाल नेहरू

(ग) महात्मा गांधी (घ) एल. आर. बाली

10. किस ऐक्ट के अंतर्गत यूरोप के ईसाई धर्म-प्रचारकों को भारत में धर्म-प्रचार करने की छूट दी गई थी?

(क) चार्टर ऐक्ट, 1813

(ख) चार्टर ऐक्ट, 1833

(ग) भारतीय परिषद् ऐक्ट, 1861

उत्तर के लिए कृपया पृष्ठ सं. 188 देखें।

(घ) रेग्यूलेटिंग ऐक्ट, 1773

11. किस ऐक्ट के अंतर्गत ब्रिटिश शासन ने ईस्ट इंडिया कंपनी के व्यापारिक एकाधिकार को पूर्णतः समाप्त कर दिया था?
    (क) चार्टर ऐक्ट, 1813 (ख) चार्टर ऐक्ट, 1833
    (ग) भारतीय परिषद् ऐक्ट, 1861 (घ) रेग्यूलेटिंग ऐक्ट, 1773
12. किस अधिनियम के अंतर्गत भारत के शासन का उत्तरदायित्व ईस्ट इंडिया कंपनी से हटाकर सम्राट् (सम्राज्ञी) को हस्तांतरित कर दिया गया?
    (क) भारत सरकार अधिनियम, 1858
    (ख) भारतीय परिषद् ऐक्ट, 1861
    (ग) भारतीय परिषद् ऐक्ट, 1909
    (घ) भारतीय शासन ऐक्ट, 1935
13. ब्रिटेन की महारानी ने भारतीय शासन का पूर्ण दायित्व अपने हाथों में लेने की घोषणा कब की थी?
    (क) 1 नवंबर, 1858 को (ख) 31 अक्तूबर, 1858 को
    (ग) 30 अक्तूबर, 1958 को (घ) 20 अक्तूबर, 1858 को
14. भारत में विधायन के क्षेत्र में विकेंद्रीकरण की नीति कब शुरू हुई थी?
    (क) सन् 1861 में (ख) सन् 1862 में
    (ग) सन् 1863 में (घ) सन् 1864 में
15. भारत में किस अधिनियम द्वारा प्रांतीय विधानमंडलों की नींव पड़ी थी?
    (क) भारत सरकार अधिनियम, 1792
    (ख) भारत शासन अधिनियम, 1782
    (ग) भारत शासन ऐक्ट, 1799
    (घ) भारतीय परिषद् ऐक्ट, 1861
16. इंडियन नेशनल कांग्रेस की स्थापना कब हुई?
    (क) सन् 1883 में (ख) सन् 1885 में
    (ग) सन् 1887 में (घ) सन् 1888 में
17. इंडियन नेशनल कांग्रेस के संस्थापक कौन थे?
    (क) मोहनदास करमचंद गांधी (ख) ए.ओ. ह्यूम
    (ग) जवाहरलाल नेहरू (घ) सरदार वल्लभभाई पटेल

उत्तर के लिए कृपया पृष्ठ सं. 188 देखें।

18. इंडियन नेशनल कांग्रेस के प्रथम अध्यक्ष कौन थे?
(क) ए.ओ. ह्यूम (ख) सी. गोपालाचारी
(ग) डब्ल्यू.सी. बनर्जी (घ) महात्मा गांधी

19. इंडियन नेशनल कांग्रेस का पहला अधिवेशन कब हुआ था?
(क) 28-30 जनवरी, 1886 (ख) 28-30 दिसंबर, 1885
(ग) 28-30 फरवरी, 1885 (घ) 28-30 जनवरी, 1885

20. कौन सा ऐक्ट मॉर्ले-मिंटो सुधार के रूप में भी प्रसिद्ध है?
(क) भारत शासन ऐक्ट, 1935
(ख) भारतीय शासन अधिनियम, 1919
(ग) भारतीय परिषद् ऐक्ट, 1909
(घ) भारत सरकार अधिनियम, 1858

21. ब्रिटिश सरकार की ओर से तत्कालीन सेक्रेटरी ऑफ स्टेट फॉर इंडिया मांटेग्यू ने भारत में उत्तरदायी शासन स्थापित करने संबंधी वक्तव्य कब दिया था?
(क) 20 अप्रैल, 1917 को (ख) 20 मई, 1917 को
(ग) 20 अगस्त, 1917 को (घ) 20 सितंबर, 1917 को

22. भारत शासन अधिनियम, 1919 किसकी रिपोर्ट पर आधारित था?
(क) भारत में अंग्रेजों के शासन पर
(ख) ईस्ट इंडिया कंपनी के व्यापार पर
(ग) भारत में संवैधानिक सुधार संबंधी मांटेग्यू की रिपोर्ट पर
(घ) साइमन कमीशन पर

23. भारत में आंशिक उत्तरदायी शासन करने के लिए कौन प्रसिद्ध है?
(क) भारत शासन ऐक्ट, 1935
(ख) भारत शासन अधिनियम, 1919
(ग) भारतीय परिषद् ऐक्ट, 1861
(घ) भारतीय सरकार अधिनियम, 1858

24. ब्रिटिश सरकार ने भारतीय संविधि आयोग, जिसे साइमन कमीशन के नाम से भी जाना जाता है, का गठन कब किया था?
(क) 8 नवंबर, 1927 को (ख) 8 नवंबर, 1926 को

उत्तर के लिए कृपया पृष्ठ सं. 188 देखें।

(ग) 8 दिसंबर, 1925 को (घ) 8 दिसंबर, 1924 को

25. भारत में संवैधानिक सुधारों पर विचार करने के लिए लंदन में पहला गोलमेज सम्मेलन कब हुआ?
(क) नवंबर, 1931 में (ख) सितंबर, 1931 में
(ग) अगस्त, 1931 में (घ) नवंबर, 1930 में

26. ब्रिटिश भारत में पहली बार किस ऐक्ट के अंतर्गत ऐसी संघीय प्रणाली का उपबंध किया गया, जिसमें न केवल ब्रिटिश भारत के गवर्नरों के प्रांत बल्कि चीफ कमिश्नरों के प्रांत और देशी रियासतें भी शामिल थीं?
(क) भारतीय परिषद् ऐक्ट, 1861
(ख) रेग्यूलेटिंग ऐक्ट, 1773
(ग) भारत शासन ऐक्ट, 1935
(घ) भारतीय शासन अधिनियम, 1919

27. भारत शासन ऐक्ट, 1935 के अधीन प्रांतीय विधानमंडलों के चुनाव कब कराए गए थे?
(क) फरवरी, 1937 (ख) मार्च, 1937
(ग) अप्रैल, 1937 (घ) मई, 1937

28. वायसराय ने औपनिवेशिक आधार पर भारत में पूर्ण उत्तरदायी शासन स्थापित करने की घोषणा कब की थी, जिसे बाद में 'अगस्त प्रस्ताव' कहा गया था?
(क) 8 जनवरी, 1940 को (ख) 8 फरवरी, 1940 को
(ग) 8 जुलाई, 1940 को (घ) 8 अगस्त, 1940 को

29. ब्रिटिश प्रधानमंत्री सर विंस्टन चर्चिल ने भारत में संविधान बनाने के लिए अपनी सरकार के कैबिनेट मंत्री सर स्टेफोर्ड क्रिप्स को भारत कब भेजा था?
(क) मार्च, 1942 में (ख) मार्च, 1943 में
(ग) अप्रैल, 1943 में (घ) मई, 1943 में

30. भारतीय कांग्रेसी नेताओं ने 'भारत छोड़ो, आंदोलन' कब शुरू किया था?
(क) 8 अगस्त, 1941 (ख) 8 अगस्त, 1942
(ग) 8 अगस्त, 1943 (घ) 8 अगस्त, 1944

उत्तर के लिए कृपया पृष्ठ सं. 188 देखें।

31. वायसराय लॉर्ड वॉवेल ने भारतीय नेताओं को शिमला में वार्त्ता हेतु कब आमंत्रित किया था?
(क) 20 जून, 1945 (ख) 21 जून, 1945
(ग) 25 जून, 1945 (घ) 26 जून, 1946

32. ब्रिटिश प्रधानमंत्री एटली ने भारत को स्वतंत्रता देने का अधिकार कब स्वीकार किया?
(क) 15 दिसंबर, 1945 (ख) 15 जनवरी, 1946
(ग) 15 फरवरी, 1946 (घ) 15 मार्च, 1946

33. 23 मार्च, 1946 को ब्रिटिश प्रधानमंत्री एटली ने अपनी सरकार के तीन मंत्रियों—लॉर्ड पैथिक लॉरेंस, स्टेफोर्ड क्रिप्स और ए.वी. अलेक्जेंडर—को भारतीय नेताओं एवं राजनीतिक दलों से विचार-विमर्श के लिए भेजा था, इस मिशन को क्या नाम दिया गया था?
(क) साइमन कमीशन, (ख) मार्ले-मिंटो मिशन
(ग) कैबिनेट मिशन, 1946 (घ) माउंट बेटन योजना

34. प्रथम अंतरिम सरकार की घोषणा कब की गई थी?
(क) 25 अगस्त, 1943 (ख) 26 अगस्त, 1944
(ग) 27 अगस्त, 1945 (घ) 24 अगस्त, 1946

35. अंतरिम सरकार का गठन कब किया गया था?
(क) 2 दिसंबर, 1943 (ख) 2 नवंबर, 1944
(ग) 2 अक्टूबर, 1945 (घ) 2 सितंबर, 1950

36. ब्रिटिश संसद् में भारतीय स्वतंत्रता अधिनियम, 1947 कब पारित किया गया?
(क) 18 जुलाई, 1946 (ख) 18 जुलाई, 1947
(ग) 18 जुलाई, 1949 (घ) 18 जुलाई, 1950

37. भारत में संसदीय शासन का सूत्रपात कब हुआ था?
(क) मुगल शासन काल में (ख) ब्रिटिश शासन काल में
(ग) लोदी शासन काल में (घ) कुषाण शासन काल में

38. निम्नलिखित में से कौन सा साइमन कमीशन का विचार था?
(क) भारत की परिस्थितियाँ तथा जनता का स्वभाव संसदीय शासन

उत्तर के लिए कृपया पृष्ठ सं. 188 देखें।

व्यवस्था से भिन्न नहीं है

(ख) भारत की परिस्थितियाँ तथा जनता का स्वभाव संसदीय शासन व्यवस्था से भिन्न है

(ग) भारत में संसदीय शासन व्यवस्था लागू की जाए

(घ) भारत में संसदीय शासन व्यवस्था लागू न की जाए

39. भारत में संसदीय प्रणाली लागू करने का प्रबल समर्थक कौन सा अधिनियम नहीं था?

(क) 1932 का अधिनियम (ख) 1933 का अधिनियम

(ग) 1935 का अधिनियम (घ) 1936 का अधिनियम

40. किस अनुच्छेद द्वारा भारत स्वतंत्रता अधिनियम, 1947 और भारत शासन अधिनियम, 1935 आदि के निरसन का स्पष्ट प्रावधान किया गया है?

(क) अनुच्छेद-328 (ख) अनुच्छेद-329

(ग) अनुच्छेद-330 (घ) अनुच्छेद-332

□

उत्तर के लिए कृपया पृष्ठ सं. 188 देखें।

2

संविधान-सभा का गठन और संविधान-रचना

41. संविधान-सभा से क्या तात्पर्य है?
    (क) संविधान-रचना के लिए गठित जनता की एक प्रातिनिधिक संस्था
    (ख) विभिन्न देशों के संविधानों के रचनाकारों की एक संस्था
    (ग) पूँजीपतियों की एक संस्था
    (घ) भारतीयों और अंग्रेजों की संयुक्त समिति
42. संविधान-सभा का गठन किस योजना के आधार पर हुआ था?
    (क) साइमन कमीशन के प्रस्ताव पर
    (ख) भारत शासन अधिनियम, 1919
    (ग) भारत सरकार अधिनियम, 1935
    (घ) कैबिनेट मिशन योजना
43. भारत के संविधान की रचना के लिए गठित संविधान-सभा के प्रतिनिधियों का चुनाव किसने किया था?
    (क) देशी रियासतों ने (ख) प्रांतीय विधानसभाओं ने
    (ग) चुने हुए कुछ राज्यों ने (घ) ब्रिटिश सरकार ने
44. संविधान-सभा के प्रतिनिधियों का चुनाव कब हुआ था?
    (क) जुलाई-अगस्त, 1946 में (ख) जुलाई-अगस्त, 1948 में
    (ग) जुलाई-अगस्त, 1949 में (घ) जुलाई-अगस्त, 1950 में

उत्तर के लिए कृपया पृष्ठ सं. 188 व 189 देखें।

45. संविधान-सभा के लिए कुल कितने प्रतिनिधियों का चुनाव होना था?
(क) 387 (ख) 388
(ग) 389 (घ) 408

46. संविधान-सभा के लिए कुल कितने सदस्य चुने गए थे?
(क) 290 (ख) 291
(ग) 292 (घ) 296

47. संविधान-सभा के लिए चुने गए सदस्यों में से कांग्रेस के कितने सदस्य थे?
(क) 204 (ख) 205
(ग) 207 (घ) 208

48. संविधान-सभा के लिए कितने क्षेत्रों से प्रतिनिधि नहीं चुने गए थे?
(क) 16 राज्यों से (ख) 93 देशी रियासतों से
(ग) 97 विधानसभाओं से (घ) 03 ब्रिटिश उपनिवेशों से

49. संविधान-सभा की पहली बैठक कब हुई थी?
(क) 9 दिसंबर, 1946 (ख) 19 दिसंबर, 1946
(ग) 20 दिसंबर, 1946 (घ) 21 दिसंबर, 1946

50. संविधान-सभा की पहली बैठक में कितने सदस्यों ने भाग लिया था?
(क) 209 (ख) 208
(ग) 207 (घ) 206

51. संविधान-सभा की पहली बैठक कहाँ हुई थी?
(क) बंबई (अब मुंबई) के गेटवे ऑफ इंडिया पर
(ख) दिल्ली में संसद् भवन के केंद्रीय कक्ष में
(ग) कलकत्ता (अब कोलकाता) के ईडन गार्डन में
(घ) मद्रास (अब चेन्नई) में

52. संविधान-सभा का अस्थायी सभापति कौन चुना गया था?
(क) आचार्य जे.बी. कृपलानी (ख) डॉ. भीमराव अंबेडकर
(ग) डॉ. राजेंद्र प्रसाद (घ) डॉ. सच्चिदानंद सिन्हा

53. अस्थायी सभापति के लिए डॉ. सच्चिदानंद सिन्हा के नाम का प्रस्ताव किसने किया था?
(क) डॉ. भीमराव अंबेडकर ने (ख) डॉ. राजेंद्र प्रसाद ने

उत्तर के लिए कृपया पृष्ठ सं. 189 देखें।

(ग) आचार्य जे.बी. कृपलानी ने (घ) पं. जवाहरलाल नेहरू ने

54. संविधान-सभा के स्थायी सभापति का निर्वाचन कब हुआ था?
(क) 11 दिसंबर, 1946 (ख) 10 दिसंबर, 1946
(ग) 9 दिसंबर, 1946 (घ) 8 दिसंबर, 1946

55. संविधान-सभा का स्थायी अध्यक्ष किसे निर्वाचित किया गया?
(क) पं. जवाहरलाल नेहरू
(ख) आचार्य जे.बी. कृपलानी
(ग) डॉ. भीमराव अंबेडकर
(घ) डॉ. राजेंद्र प्रसाद

56. संविधान-सभा की प्रारूप समिति का गठन कब किया गया था?
(क) 28 अगस्त, 1947 (ख) 29 अगस्त, 1947
(ग) 30 अगस्त, 1947 (घ) 27 अगस्त, 1948

57. प्रारूप समिति का अध्यक्ष कौन चुना गया था?
(क) पं जवाहरलाल नेहरू (ख) डॉ. सच्चिदानंद सिन्हा
(ग) डॉ. भीमराव अंबेडकर (घ) डॉ. राजेंद्र प्रसाद

58. संविधान-सभा में डॉ. अंबेडकर का निर्वाचन किस प्रांत से हुआ था?
(क) मध्य भारत (ख) महाराष्ट्र
(ग) पश्चिम बंगाल (घ) मैसूर

59. प्रारूप समिति की पहली बैठक कब हुई थी?
(क) 31 अगस्त, 1947 (ख) 30 अगस्त, 1947
(ग) 25 अगस्त, 1947 (घ) 20 अगस्त, 1947

60. संविधान-सभा के गठन के समय भारत के गवर्नर जनरल कौन थे?
(क) लॉर्ड माउंटबेटन (ख) लॉर्ड मांटेग्यू
(ग) सी. राजगोपालाचारी (घ) लॉर्ड वॉवेल

61. भारतीय संविधान-सभा की झंडा समिति और मूल अधिकार उपसमिति के अध्यक्ष कौन थे?
(क) पं जवाहरलाल नेहरू (ख) सी. राजगोपालाचारी
(ग) आचार्य जे.बी. कृपलानी (घ) डॉ. भीमराव अंबेडकर

62. संविधान-सभा में उद्देश्य प्रस्ताव कब प्रस्तुत किया गया था?

उत्तर के लिए कृपया पृष्ठ सं. 189 देखें।

(क) 24 दिसंबर, 1946 (ख) 13 दिसंबर, 1946

(ग) 12 दिसंबर, 1946 (घ) 3 दिसंबर, 1946

63. संविधान-सभा में उद्देश्य प्रस्ताव किसने प्रस्तुत किया था?

(क) डॉ. भीमराव अंबेडकर (ख) पं जवाहरलाल नेहरू

(ग) डॉ. राजेंद्र प्रसाद (घ) डॉ. सच्चिदानंद सिन्हा

64. उद्देश्य प्रस्ताव पर संविधान-सभा में कब-से-कब तक विचार-विमर्श किया गया था?

(क) 13-19 जनवरी, 1946

(ख) 13-19 सितंबर, 1946

(ग) 13-19 नवंबर, 1946

(घ) 13-19 दिसंबर, 1946

65. किस अधिनियम के द्वारा भारतीय संविधान-सभा को पूर्ण प्रभुसत्ता संपन्न निकाय घोषित किया गया तथा उसने देश का शासन चलाने की पूर्ण शक्तियाँ ग्रहण कीं?

(क) भारत सरकार अधिनियम, 1858

(ख) भारत शासन अधिनियम, 1919

(ग) भारत सरकार अधिनियम, 1935

(घ) भारतीय स्वतंत्रता अधिनियम, 1947

66. संविधान-सभा का प्रमुख सलाहकार किसे नियुक्त किया गया था?

(क) डॉ. बी.एन. राव (ख) पं. जवाहरलाल नेहरू

(ग) डॉ. भीमराव अंबेडकर (घ) डॉ. राजेंद्र प्रसाद

67. ब्रिटिश काल के किस अधिनियम के ढाँचे को संविधान-सभा द्वारा स्वीकार किया गया?

(क) भारत सरकार अधिनियम, 1858

(ख) भारत शासन अधिनियम, 1919

(ग) भारत सरकार (या शासन) अधिनियम, 1935

(घ) भारतीय स्वतंत्रता अधिनियम, 1947

68. प्रारूप समिति द्वारा तैयार मसौदा संविधान-सभा के अध्यक्ष के समक्ष पहली बार कब प्रस्तुत किया गया?

उत्तर के लिए कृपया पृष्ठ सं. 189 देखें।

(क) 16 फरवरी, 1948 (ख) 20 फरवरी, 1948
(ग) 21 फरवरी, 1948 (घ) 24 फरवरी, 1948

69. संशोधित मसौदा संविधान-सभा अध्यक्ष के समक्ष पुनः कब प्रस्तुत किया गया?
(क) 28 अक्तूबर, 1948 (ख) 27 अक्तूबर, 1948
(ग) 26 अक्तूबर, 1948 (घ) 22 अक्तूबर, 1948

70. संविधान के प्रारूप पर खंडवार गहन विचार-विमर्श अर्थात् प्रथम वाचन कब आरंभ हुआ?
(क) 10 नवंबर, 1948 (ख) 12 नवंबर, 1948
(ग) 15 नवंबर, 1948 (घ) 25 नवंबर, 1948

71. संविधान का द्वितीय वाचन कब पूरा हुआ?
(क) 12 नवंबर, 1949 (ख) 16 नवंबर, 1949
(ग) 20 नवंबर, 1949 (घ) 22 नवंबर, 1949

72. संविधान का तृतीय वाचन कब आरंभ हुआ?
(क) 21 नवंबर, 1949 (ख) 20 नवंबर, 1949
(ग) 19 नवंबर, 1949 (घ) 17 नवंबर, 1949

73. संविधान-सभा ने संविधान को कब अंगीकृत, अधिनियमित और आत्मार्पित किया?
(क) 26 सितंबर, 1949 (ख) 26 अक्तूबर, 1949
(ग) 26 नवंबर, 1949 (घ) 26 दिसंबर, 1949

74. संविधान-सभा के सदस्यों ने अंतिम रूप से संविधान पर कब हस्ताक्षर किए?
(क) 24 जनवरी, 1950 (ख) 28 जनवरी, 1950
(ग) 29 जनवरी, 1950 (घ) 30 जनवरी, 1950

75. संविधान-सभा पर कुल कितना धन व्यय हुआ था?
(क) 63,90,70 रुपए (ख) 63,91,326 रुपए
(ग) 63,92,000 रुपए (घ) 63,96,726 रुपए

76. संविधान-सभा में शक्ति के केंद्रबिंदु कौन थे?

उत्तर के लिए कृपया पृष्ठ सं. 189 देखें।

(क) डॉ. बी.एन. राव तथा आचार्य जे.बी. कृपलानी
(ख) डॉ. भीमराव अंबेडकर तथा के.एम. मुंशी
(ग) डॉ. राजेंद्र प्रसाद तथा डॉ. सच्चिदानंद सिन्हा
(घ) सरदार बल्लभ भाई पटेल तथा पं. जवाहरलाल नेहरू

77. संविधान-सभा में किस मुद्दे ने सबसे अधिक कठिनाइयाँ प्रस्तुत की गईं?
(क) राष्ट्रीय संपर्क भाषा (ख) राजभाषा
(ग) राष्ट्रभाषा (घ) प्रेम की भाषा

78. संविधान-सभा की कार्य-प्रणाली की क्या विशेषता थी?
(क) विदेशी संविधानों का अनुवाद
(ख) समझौते व समन्वय की भावना
(ग) संवैधानिक विषयों पर चर्चा
(घ) प्रेम और सद्भाव का प्रचार

☐

उत्तर के लिए कृपया पृष्ठ सं. 189 देखें।

3

भारत का संविधान और उसके प्रमुख स्रोत

79. भारत के संविधान के कुल कितने भाग हैं?

(क) 24 (ख) 20

(ग) 18 (घ) 17

80. भारत के संविधान में कुल कितने अनुच्छेद हैं?

(क) 195 अनुच्छेद (ख) 295 अनुच्छेद

(ग) 395 अनुच्छेद (घ) 595 अनुच्छेद

81. भारत के संविधान में कुल कितनी अनुसूचियाँ हैं?

(क) 12 (ख) 11

(ग) 10 (घ) 9

82. भारत के संविधान में कुल कितने परिशिष्ट हैं?

(क) 3 (ख) 6

(ग) 7 (घ) 8

83. भारत के संविधान की रचना में कुल कितना समय लगा?

(क) 2 वर्ष, 9 माह और 18 दिन

(ख) 4 वर्ष

(ग) 3 वर्ष

(घ) 2 वर्ष, 11 माह और 18 दिन

उत्तर के लिए कृपया पृष्ठ सं. 189 देखें।

84. भारत का संविधान पूर्णत: कब लागू किया गया?
(क) 26 जनवरी, 1950 (ख) 26 जनवरी, 1949
(ग) 26 जनवरी, 1948 (घ) 26 जनवरी, 1947

85. संविधान के अनुसार भारत को किस तरह का राज्य घोषित किया?
(क) लोकतंत्रात्मक गणराज्य (ख) एक राजसत्तात्मक
(ग) द्विराजसत्तात्मक (घ) सामंतवादी राज्य

86. जिस समय भारत का संविधान लागू हुआ, उस समय भारत के राष्ट्रपति कौन बनाए गए?
(क) डॉ. एस. राधाकृष्णन्
(ख) फखरुद्दीन अली अहमद
(ग) डॉ. राजेंद्र प्रसाद
(घ) नीलम संजीव रेड्डी

87. भारत के अंतिम गवर्नर जनरल कौन थे?
(क) लॉर्ड वॉवेल (ख) सी. राजगोपालाचारी
(ग) लॉर्ड माउंटबेटन (घ) लॉर्ड मांटेग्यू

88. भारतीय संविधान के रचनाकारों ने उपराष्ट्रपति का पद किस देश के संविधान से ग्रहण किया?
(क) संयुक्त राज्य अमेरिका (ख) जापान
(ग) कनाडा (घ) ऑस्ट्रेलिया

89. संविधान की संरक्षक संस्था कौन सी है?
(क) उच्चतम न्यायालय (ख) मानवाधिकार आयोग
(ग) उच्च न्यायालय (घ) संयुक्त राष्ट्र संघ

90. अमेरिका के संविधान की किस विशेषता का हमारे संविधान पर प्रभाव नहीं है?
(क) एकल नागरिकता (ख) नीति-निर्देशक तत्त्व
(ग) शक्ति पृथक्करण (घ) मौलिक अधिकार

91. सर्वोच्च न्यायालय के किस निर्णय ने भारतीय संविधान के स्वरूप को सर्वाधिक प्रभावित किया है?

उत्तर के लिए कृपया पृष्ठ सं. 189 देखें।

(क) आर.पी. कपूर बनाम पंजाब राज्य
(ख) लक्ष्मीनारायण बनाम भारत संघ
(ग) केशवानंद भारती बनाम केरल राज्य
(घ) वेंकटरामन बनाम भारत संघ

92. भारत एक गणराज्य क्यों है ?
(क) गणों का राज्य है (ख) बहुत बड़ा राज्य है
(ग) राज्य का सर्वोच्च अधिकारी जनता द्वारा अप्रत्यक्ष रूप से निर्वाचित होता है
(घ) राज्य का प्रधानमंत्री जनप्रतिनिधियों द्वारा चुना जाता है

93. भारत एक संसदात्मक व्यवस्था वाला देश है, क्योंकि ?
(क) प्रस्तावना में संसदात्मक व्यवस्था का उल्लेख किया गया है
(ख) कार्यपालिका संसद् के प्रति उत्तरदायी है
(ग) संसद् सबसे बड़ी संस्था है
(घ) देश की कानून-व्यवस्था संसद् के हाथ में रहती है

94. भारतीय संविधान किस मार्ग का अनुसरण करता है ?
(क) राज्य की सर्वोच्चता के मार्ग का अनुसरण करता है
(ख) संसदीय सर्वोच्चता और कार्यपालिका की सर्वोच्चता के मध्यम मार्ग का अनुसरण करता है
(ग) संसदीय सर्वोच्चता और न्यायिक सर्वोच्चता के मध्यम मार्ग का अनुसरण करता है
(घ) न्यायिक सर्वोच्चता के मार्ग का अनुसरण करता है

95. संविधान का निम्नलिखित में से कौन सा तत्त्व गांधीजी के विचारों से प्रभावित नहीं है ?
(क) पंथनिरपेक्षता (ख) अहिंसा
(ग) सत्य (घ) छुआछूत

96. आलोचकों द्वारा भारतीय संविधान अवैध क्यों कहा जाता है ?
(क) संविधान की रचना कुछ विदेशी संविधानों के आधार पर हुई
(ख) संविधान-सभा वयस्क मताधिकार के आधार पर निर्वाचित नहीं हुई

उत्तर के लिए कृपया पृष्ठ सं. 189 देखें।

(ग) संविधान में भारतीयता का ध्यान नहीं रखा गया
(घ) संविधान भानुमती का कुनबा है

97. भारतीय संविधान 'वकीलों का स्वर्ग' क्यों कहलाता है?
(क) अंग्रेजी भाषा (ख) विस्तार
(ग) दुर्बोध एवं अस्पष्ट भाषा (घ) अत्यधिक संशोधन

98. निम्नलिखित में से कौन सा भारतीय संविधान का स्रोत नहीं है?
(क) संयुक्त राज्य अमेरिका का संविधान
(ख) भारत सरकार अधिनियम, 1935
(ग) राष्ट्रपति के व्याख्यान
(घ) इंग्लैंड का संविधान

□

उत्तर के लिए कृपया पृष्ठ सं. 189 देखें।

4

भारत के संविधान का स्वरूप : संघात्मक या एकात्मक

99. भारत के संविधान की प्रकृति क्या है ?
    (क) संघात्मक
    (ख) एकात्मक
    (ग) न एकात्मक और न संघात्मक
    (घ) एकात्मक और संघात्मक दोनों

100. 'भारत मुख्यत: एकात्मक राज्य है'—इस विचार का प्रतिपादक कौन है ?
    (क) के.सी. ह्वीयर (ख) पॉल एपिलबी
    (ग) मॉरिस जोंस (घ) डॉ. भीमराव अंबेडकर

101. 'भारत एक संघ राज्य नहीं है, अपितु अर्द्ध संघ है।' इस विचार का समर्थक कौन है ?
    (क) के.सी. ह्वीयर (ख) मॉरिस जोंस
    (ग) पॉल एपिलबी (घ) डॉ. राजेंद्र प्रसाद

102. 'भारतीय व्यवस्था संघीय है अथवा नहीं है', इस विवाद का जन्मदाता कौन है ?
    (क) ए.आर. बाली (ख) पॉल एपिलबी
    (ग) के.सी. ह्वीयर (घ) मॉरिस जोंस

103. भारतीय संघवाद का वैधानिक दृष्टिकोण से अध्ययन करनेवाला विद्वान् कौन है ?

उत्तर के लिए कृपया पृष्ठ सं. 190 देखें।

(क) के.सी. ह्वीयर (ख) मॉरिस जोंस
(ग) पॉल एपिलबी (घ) सुभाष कश्यप

104. भारतीय संघ का व्यावहारिक अध्ययन क्या है?
(क) नियोजन के परिप्रेक्ष्य में संघवाद का अध्ययन
(ख) नियोजन के परिप्रेक्ष्य में एकात्मवाद का अध्ययन
(ग) कानून ढाँचे पर बल
(घ) संस्थागत दृष्टि से संघवाद का अध्ययन

105. 'भारत में केवल सहयोगी संघवाद है और इस सहयोगी संघवाद में से एक सौदेबाजी की ध्वनि भी निकलती है'—यह विचार किसका है?
(क) अशोक चंदा (ख) मोरिस जोंस
(ग) मारकुस फ्रांडा (घ) के.सी. ह्वीयर

106. 'भारत में संघीय व्यवस्था का एक रूप नहीं है बल्कि उसके विभिन्न रूप है'—यह विचार किसका है?
(क) के.सी. ह्वीयर (ख) पॉल एपिलबी
(ग) मारकुस फ्रांडा (घ) अशोक चंदा

107. 'नियोजन के फलस्वरूप भारत में न केवल संघीय व्यवस्था का ही अंत हो गया है अपितु संसदीय प्रणाली भी लुप्त सी लगती है'—यह विचार किसका है?
(क) अशोक चंदा (ख) मारकुस फ्रांडा
(ग) के.सी. ह्वीयर (घ) मोरिस जोंस

108. 'भारत में केंद्र अधिक शक्तिशाली दिखाई देता है, परंतु वास्तव में राज्यों की शक्तियाँ भी कम महत्त्वपूर्ण नहीं है'—यह विचार किसका है ?
(क) मोरिस जोंस (ख) के.सी. ह्वीयर
(ग) अशोक चंदा (घ) पॉल एपिलबी

109. संघवाद का पुरातन (क्लासिकी) दृष्टिकोण क्या है?
(क) शक्ति-विभाजन पर जोर देना
(ख) राज्य स्वायत्तता का दृष्टिकोण
(ग) केंद्र की शक्तियों को दृष्टिकोण
(घ) संघवाद का एकात्मक प्रतिमान

110. भारतीय संविधान के अंतरंग में उपस्थित एकात्मक तत्त्व क्या है?
(क) राष्ट्रीय विकास परिषद्

उत्तर के लिए कृपया पृष्ठ सं. 190 देखें।

(ख) योजना आयोग
(ग) शक्तियों का बँटवारा केंद्र के पक्ष में
(घ) एक दल प्रधान व्यवस्था

111. भारतीय संविधान के अंतरंग में उपस्थित एकात्मक तत्त्व क्या नहीं है?
(क) इकहरी नागरिकता
(ख) न्याय व्यवस्था
(ग) संशोधन प्रणाली
(घ) राष्ट्रपति के संकटकालीन अधिकार

112. संविधान के बहिरंग में उपस्थित एकात्मक तत्त्व क्या है?
(क) निर्वाचन आयोग
(ख) योजना आयोग
(ग) राज्यपालों की नियुक्ति
(घ) अखिल भारतीय सेवाएँ

113. जून 1975 से मार्च 1977 तक भारत में संघवाद का निम्नलिखित में से कौन सा प्रतिमान उभरा?
(क) सहकारी संघवाद का प्रतिमान
(ख) राज्यों की स्वायत्तता का प्रतिमान
(ग) संघीय व्यवस्था का प्रतिमान
(घ) एकात्मक संघवाद का प्रतिमान

114. भारत में संघात्मक प्रणाली का उद्‌भव किसके द्वारा हुआ है?
(क) सांप्रदायिक शक्तियों द्वारा
(ख) उदारवादी शक्तियों द्वारा
(ग) विकेंद्रित शक्तियों द्वारा
(घ) केंद्राभिमुखी शक्तियों द्वारा

115. निम्नलिखित वक्तव्यों में से कौन सा भारतीय संघीय व्यवस्था की सही प्रकृति बताता है?
(क) संघवाद के सिद्धांत तथा एक प्रमुख के शासन में असंगति है
(ख) संघ और राज्यों की सेवा में लगे व्यक्तियों के कार्यकाल का
(ग) भारतीय संघ संस्थागत सिद्धांत की अपेक्षा कार्यात्मक अधिक है
(घ) भारतीय संघ इकाइयों के बीच सहमति का परिणाम नहीं है

116. किसका अनुसरण करते हुए भारत का संविधान 'राज्यों का संघ' शब्दावली का प्रयोग करता है?
(क) यू.एस.ए.
(ख) पूर्व यू.एस.एस.आर. (सोवियत संघ)
(ग) ऑस्ट्रेलिया

उत्तर के लिए कृपया पृष्ठ सं. 190 देखें।

(घ) कनाडा

117. क्षेत्रीय दलों के शक्तिशाली होने से भारत में संघवाद का कौन सा प्रतिमान उभर रहा है?

(क) सहकारी संघवाद (ख) एकात्मक संघवाद

(ग) सौदेबाजीवाला संघवाद (घ) अर्द्ध-सहकारी संघवाद

118. संघवाद के बहिरंग लक्षणों के बावजूद भारतीय संविधान का प्रधान स्वर किसका है?

(क) संघात्मकता का है (ख) अर्द्ध-संघात्मकता का है

(ग) अर्द्ध-एकात्मकता है (घ) एकात्मकता का है

119. 'भारतीय संघ अधिक-से-अधिक अर्द्ध संघ हैं'—यह किसका विचार है?

(क) पं. जवाहरलाल नेहरू (ख) के.सी. ह्वीयर

(ग) डॉ. राजेंद्र प्रसाद (घ) डॉ. भीमराव अंबेडकर

120. नियोजन के परिप्रेक्ष्य में भारतीय संघ व्यवस्था का अध्ययन करनेवाला विद्वान् कौन है?

(क) अशोक चंदा (ख) डॉ. भीमराव अंबेडकर

(ग) के.सी. ह्वीयर (घ) पं. जवाहरलाल नेहरू

121. भारत की सर्वोच्च विधि क्या है?

(क) राष्ट्रपति (ख) न्यायपालिका

(ग) संविधान (घ) संसद्

122. इकहरी नागरिकता की दृष्टि से भारत ने किस संविधान का अनुकरण किया है?

(क) जापान के संविधान का

(ख) कनाडा के संविधान का

(ग) इंग्लैंड के संविधान का

(घ) ऑस्ट्रेलिया के संविधान का

123. 'अनम्यता और विधिवाद परिसंघवाद की दो गंभीर कमजोरियाँ हैं'—यह कथन किसका है?

(क) डॉ. बी.आर. अंबेडकर (ख) सरदार वल्लभ भाई पटेल

(ग) जवाहर लाल नेहरू (घ) सचिदानंद सिन्हा

उत्तर के लिए कृपया पृष्ठ सं. 190 देखें।

124. भारतीय संविधान के अंतर्गत एक ही नियंत्रक महालेखा परीक्षक है, जो केंद्र और समस्त राज्यों की आय-व्यय व्यवस्था की जाँच करता है। यह तथ्य भारतीय संविधान के किस स्वरूप की ओर संकेत करता है ?

(क) एकात्मकता (ख) एकात्मक परिसंघात्मकता

(ग) अर्द्ध-सहकारी संघात्मकता (घ) सहकारी संघात्मकता

☐

उत्तर के लिए कृपया पृष्ठ सं. 190 देखें।

5

उद्देशिका

125. भारतीय संविधान की उद्देशिका में संविधान का स्रोत किसे माना गया है?

(क) भारत की जनता को (ख) राजा-महाराजाओं को

(ग) राष्ट्रपति को (घ) भारत माता को

126. 'भारतीय संविधान की उद्देशिका संविधान के रचनाकार के आशय को स्पष्ट करनेवाली कुंजी है।' यह किसका कहना है?

(क) अशोक चंदा (ख) उच्च न्यायालय

(ग) उच्चतम न्यायालय (घ) नानी पालकीवाला

127. क्या उद्देशिका संविधान का एक अंग है?

(क) नहीं (ख) हाँ

(ग) पता नहीं (घ) है भी, नहीं भी

128. उद्देशिका का आधार क्या है?

(क) 13 दिसंबर, 1946 को संविधान-सभा की बैठक में पं. जवाहरलाल नेहरू द्वारा प्रस्तुत उद्देश्य प्रस्ताव

(ख) 13 दिसंबर, 1947 को संविधान-सभा की बैठक में डॉ. भीमराव अंबेडकर द्वारा दिया गया भाषण

(ग) 13 दिसंबर, 1946 को संविधान-सभा की बैठक में डॉ. राजेंद्र प्रसाद द्वारा प्रस्तुत उद्देश्य प्रस्ताव

(घ) 13 दिसंबर, 1946 को संविधान-सभा की बैठक में के.एम. मुंशी

उत्तर के लिए कृपया पृष्ठ सं. 190 देखें।

द्वारा प्रस्तुत विचार

129. भारतीय संविधान की प्रस्तावना 'हम भारत के लोग' शब्दों से आरंभ होती है। इससे क्या ज्ञात होता है?
(क) प्रस्तावना की रचना भारत के लोगों ने की
(ख) संविधान की रचना भारतीय जनता ने की
(ग) भारत में लौकिक सार्वभौमिकता है
(घ) भारत में अलौकिक सार्वभौमिकता है

130. उद्देशिका का मूल स्वरूप कब स्वीकृत हुआ था?
(क) 26 जनवरी, 1950 को (ख) 26 दिसंबर, 1951 को
(ग) 26 अक्टूबर, 1950 को (घ) 26 नवंबर, 1949 को

131. उद्देशिका में 'समाजवाद' शब्द कब जोड़ा गया था?
(क) 46वें संविधान संशोधन में
(ख) 45वें संविधान संशोधन में
(ग) 44वें संविधान संशोधन में
(घ) 43वें संविधान संशोधन में

132. उद्देशिका में 'पंथनिरपेक्ष' शब्द कब जोड़ा गया?
(क) 42वें संविधान संशोधन में
(ख) 43वें संविधान संशोधन में
(ग) 45वें संविधान संशोधन में
(घ) 44वें संविधान संशोधन में

133. उद्देशिका में कितने प्रकार का न्याय संकेतित है?
(क) पाँच—सामाजिक, धार्मिक, साहित्यिक, आर्थिक और राजनीतिक
(ख) दो—सामाजिक और राजनीतिक
(ग) चार—सामाजिक, आर्थिक, धार्मिक और राजनीतिक
(घ) तीन—सामाजिक, आर्थिक और राजनीतिक

134. संविधान के आधारभूत उद्देश्यों एवं लक्ष्यों का संविधान के किस भाग में निरूपण किया गया है?
(क) भाग-2 (ख) भाग-1
(ग) उद्देशिका या प्रस्तावना में (घ) भाग-4

उत्तर के लिए कृपया पृष्ठ सं. 190 देखें।

135. संविधान की प्रस्तावना के लिए उपयुक्त शब्दावली क्या है?

(क) उद्देशिका (ख) भूमिका

(ग) प्रस्तावना (घ) पुरोवाक्

136. 'उद्देशिका संविधान की आत्मा है', यह कथन किसका है?

(क) उच्च न्यायालय (ख) डॉ. राजेंद्र प्रसाद

(ग) उच्चतम न्यायालय (घ) पं. जवाहरलाल नेहरू

137. 42वें संशोधन अधिनियम द्वारा उद्देशिका में कौन से शब्द जोड़े गए हैं?

(क) समाजवादी-पंथनिरपेक्ष

(ख) राष्ट्र की एकता एवं अखंडता

(ग) संपूर्ण प्रभुत्व-संपन्न

(घ) लोकतंत्रात्मक गणराज्य

138. भारतीय संविधान में निहित दर्शन की श्रेष्ठ अभिव्यक्ति है?

(क) मूल अधिकार (ख) नीति-निर्देशक तत्त्व

(ग) मूल कर्तव्य (घ) प्रस्तावना

139. पंथनिरपेक्ष राज्य का क्या अर्थ है?

(क) राज्य विभिन्न धर्मों में से किसी एक के साथ पक्षपात करे

(ख) राज्य विभिन्न धर्मों में से किसी भी धर्म को न माने

(ग) राज्य विभिन्न धर्मों में से किसी एक के साथ पक्षपात न करे

(घ) राज्य विभिन्न धर्मों में से किसी एक धर्म को माने

140. निम्नलिखित में से कौन सा उद्देश्य भारत के संविधान की उद्देशिका में शामिल नहीं है?

(क) आर्थिक स्वतंत्रता

(ख) सामाजिक व आर्थिक न्याय

(ग) धर्म और उपासना की स्वतंत्रता

(घ) व्यक्ति की गरिमा

141. भारतीय संविधान की प्रस्तावना के अनुसार भारत के शासन की सर्वोच्च सत्ता किसमें निहित है?

(क) न्यायपालिका में (ख) राष्ट्रपति में

(ग) कार्यपालिका में (घ) भारत की जनता में

उत्तर के लिए कृपया पृष्ठ सं. 190 देखें।

142. भारतीय संविधान की उद्देशिका में किसे प्राथमिकता दी गई है ?
   (क) धर्म और उपासना की स्वतंत्रता
   (ख) व्यक्ति की गरिमा
   (ग) सामाजिक, आर्थिक और राजनीतिक न्याय
   (घ) राष्ट्र की एकता एवं अखंडता

143. भारतीय संविधान की उद्देशिका में किसे गौणतः स्थान दिया गया है ?
   (क) राष्ट्र की एकता एवं अखंडता
   (ख) धर्म और उपासना की स्वतंत्रता, प्रतिष्ठा और अवसर की समता आदि
   (ग) व्यक्ति की गरिमा
   (घ) सामाजिक, आर्थिक और राजनीतिक न्याय

□

उत्तर के लिए कृपया पृष्ठ सं. 190 देखें।

6

संघ और उसका राज्य क्षेत्र

144. 15 अगस्त, 1947 को जब देश स्वतंत्र हुआ, तब यहाँ कितनी देशी रियासतें थीं ?

(क) 389 (ख) 562

(ग) 480 (घ) 260

145. भारत किस गोलार्द्ध में स्थित है ?

(क) पूर्वी (ख) दक्षिणी गोलार्द्ध

(ग) पश्चिमी गोलार्द्ध (घ) उत्तरी गोलार्द्ध

146. भारत किस महाद्वीप के अंतर्गत आता है ?

(क) अफ्रीका (ख) एशिया

(ग) यूरोप (घ) ऑस्ट्रेलिया

147. भारत का क्षेत्रफल कितना है ?

(क) 32,87,263 वर्ग किलोमीटर

(ख) 36,87,863 वर्ग किलोमीटर

(ग) 38,84,273 वर्ग किलोमीटर

(घ) 2,24,72068 वर्ग किलोमीटर

148. भारत की मुख्य भूमि किन अक्षांशों और देशांतरों के मध्य फैली है ?

(क) 7 डिग्री 4' और 87 डिग्री 6' उत्तरी अक्षांश और 69 डिग्री 7' और 90 डिग्री 25' पूर्वी देशांतर के मध्य

(ख) 9 डिग्री 7' और 37 डिग्री 6' उत्तरी अक्षांश और 60 डिग्री 7' और 67 डिग्री 25' पूर्वी देशांतर के मध्य

उत्तर के लिए कृपया पृष्ठ सं. 190 देखें।

(ग) 8 डिग्री 4' और 37 डिग्री 6' उत्तरी अक्षांश और 68 डिग्री 7' और 97 डिग्री 25' पूर्वी देशांतर के मध्य

(घ) 3 डिग्री 4' और 57 डिग्री 6' उत्तरी अक्षांश और 66 डिग्री 7' और 97 डिग्री 25' पूर्वी देशांतर के मध्य

149. 'इस संविधान का नाम भारत का संविधान है।' यह उल्लेख किस अनुच्छेद में किया गया है ?

(क) अनुच्छेद-363 में (ख) अनुच्छेद-393 में

(ग) अनुच्छेद-293 में (घ) अनुच्छेद-392 में

150. संविधान के अंतर्गत भारत को क्या कहा गया है ?

(क) राज्यों का संघ (ख) जातियों का समूह

(ग) गणों का समूह (घ) धर्मों का समूह

151. नए राज्यों के गठन से संबंधित व्यवस्था भारतीय संविधान के किस अनुच्छेद में है ?

(क) अनुच्छेद-8 (ख) अनुच्छेद-3

(ग) अनुच्छेद-5 (घ) अनुच्छेद-7

152. भारत में राज्य पुनर्गठन का मुख्य आधार क्या रहा है ?

(क) जाति (ख) भाषा

(ग) धर्म (घ) साहित्य

153. सन् 1953 में भाषायी आधार पर किस पृथक् राज्य का गठन किया गया ?

(क) मध्य प्रदेश (ख) आंध्र प्रदेश

(ग) केरल (घ) महाराष्ट्र

154. राज्य पुनर्गठन आयोग का गठन कब किया गया ?

(क) सन् 1955 में (ख) सन् 1953 में

(ग) सन् 1952 में (घ) सन् 1951 में

155. राज्य पुनर्गठन आयोग ने सन् 1955 में प्रस्तुत अपने प्रतिवेदन में कितने राज्यों और कितने केंद्र-शासित क्षेत्रों की सिफारिश की थी ?

(क) 16 राज्य तथा 3 केंद्र-शासित क्षेत्र

(ख) 15 राज्य तथा 4 केंद्र-शासित क्षेत्र

(ग) 13 राज्य तथा 6 केंद्र-शासित क्षेत्र

उत्तर के लिए कृपया पृष्ठ सं. 190 व 191 देखें।

(घ) 14 राज्य तथा 8 केंद्र-शासित क्षेत्र

156. राज्य पुनर्गठन आयोग की सिफारिशों पर सरकार ने कब फैसला किया था?

(क) 16 मार्च, 1959 को (ख) 16 मार्च, 1960 को

(ग) 16 मार्च, 1961 को (घ) 16 मार्च, 1962 को

157. 16 मार्च, 1956 को स्वीकृत राज्य पुनर्गठन विधेयक में कितने राज्यों तथा केंद्र-शासित प्रदेशों की व्यवस्था की गई थी?

(क) 14 राज्य तथा 7 केंद्र-शासित क्षेत्र

(ख) 15 राज्य तथा 4 केंद्र-शासित क्षेत्र

(ग) 13 राज्य तथा 6 केंद्र-शासित क्षेत्र

(घ) 14 राज्य तथा 8 केंद्र-शासित क्षेत्र

158. तीन सदस्यीय राज्य पुनर्गठन आयोग के अध्यक्ष न्यायमूर्ति सैयद फजल अली थे। इस आयोग के अन्य सदस्य कौन-कौन थे?

(क) हृदयनाथ कुंजुरू और के. एम. पणिक्कर

(ख) वेणु गोपाल और नीरेन डे

(ग) अशोक कुमार सेन और वी.पी. सिंह

(घ) वी.पी. मंडल और लक्ष्मीमल्ल

159. संविधान के मूल प्रारूप में राज्यों के क, ख, ग, घ, नामक चार प्रवर्ग थे। राज्यों के ये प्रवर्ग कब समाप्त किए गए?

(क) सन् 1969 में (ख) सन् 1968 में

(ग) सन् 1960 में (घ) सन् 1956 में

160. भारत संघ से किसी राज्य का पृथक् होना किस अधिनियम के अंतर्गत प्रतिबंधित है?

(क) संविधान अधिनियम, 1962

(ख) संविधान अधिनियम, 1963

(ग) संविधान अधिनियम, 1964

(घ) संविधान अधिनियम, 1965

161. भारत में वह कौन सा राज्य है, जिसका पृथक् संविधान है?

(क) अरुणाचल प्रदेश (ख) आंध्र प्रदेश

उत्तर के लिए कृपया पृष्ठ सं. 191 देखें।

(ग) जम्मू एवं कश्मीर (घ) असम

162. भारत में राज्यों की सीमाओं में परिवर्तन करने का अधिकार किसके पास सुरक्षित है?

(क) संसद् (ख) सर्वोच्च न्यायालय

(ग) प्रधानमंत्री (घ) राष्ट्रपति

163. सन् 1960 में द्विभाषीय बंबई (अब मुंबई) राज्य को विभाजित कर किन राज्यों की स्थापना की गई?

(क) महाराष्ट्र और गोवा

(ख) गुजरात और महाराष्ट्र

(ग) महाराष्ट्र और कर्नाटक

(घ) महाराष्ट्र और आंध्र प्रदेश

164. नागालैंड राज्य की स्थापना कब हुई?

(क) सन् 1961 में (ख) सन् 1962 में

(ग) सन् 1963 में (घ) सन् 1969 में

165. हरियाणा राज्य का गठन कब किया गया?

(क) सन् 1966 में (ख) सन् 1965 में

(ग) सन् 1964 में (घ) सन् 1963 में

166. हिमाचल प्रदेश को राज्य का दर्जा कब दिया गया?

(क) सन् 1971 में (ख) सन् 1976 में

(ग) सन् 1977 में (घ) सन् 1978 में

167. जनवरी 1972 में पारित राज्य पुनर्गठन अधिनियम के आधार पर कौन से राज्य गठित हुए?

(क) मेघालय, असम और त्रिपुरा

(ख) मेघालय, मिजोरम तथा नागालैंड

(ग) सिक्किम, असम और त्रिपुरा

(घ) मेघालय, मणिपुर और त्रिपुरा

168. मिजोरम को राज्य का दर्जा कब दिया गया?

(क) सन् 1996 में (ख) सन् 1976 में

(ग) सन् 1986 में (घ) सन् 1966 में

उत्तर के लिए कृपया पृष्ठ सं. 191 देखें।

169. अरुणाचल प्रदेश को राज्य का दर्जा कब दिया गया?
(क) सन् 1976 में (ख) सन् 1986 में
(ग) सन् 1987 में (घ) सन् 1996 में

170. गोवा को दमन व दीव से अलग करके पूर्ण राज्य का दर्जा कब दिया गया?
(क) सन् 1966 में (ख) सन् 1985 में
(ग) सन् 1986 में (घ) सन् 1987 में

171. भारत का 26वाँ राज्य कौन सा है?
(क) मेघालय (ख) मणिपुर
(ग) गोवा (घ) छत्तीसगढ़

172. छत्तीसगढ़ का गठन कब हुआ?''
(क) 1 नवंबर, 2000
(ख) 14 नवंबर, 2002
(ग) 10 नवंबर, 2003
(घ) 11 नवंबर, 2003

173. भारत का 27वाँ राज्य कौन सा है?
(क) छत्तीसगढ़ (ख) गोवा
(ग) झारखंड (घ) उत्तराखंड

174. उत्तराखंड का गठन कब हुआ?
(क) 1 नवंबर, 2000 (ख) 9 नवंबर, 2000
(ग) 10 नवंबर, 2000 (घ) 11 नवंबर, 2000

175. भारत में कुल कितने संघ-शासित क्षेत्र हैं?
(क) 10 (ख) 9
(ग) 7 (घ) 4

176. भारत में कुल कितने राज्य हैं?
(क) 28 (ख) 29
(ग) 30 (घ) 31

177. निम्नलिखित में से किस इकाई को स्वतंत्र राज्य का दर्जा प्राप्त नहीं है?
(क) महाराष्ट्र (ख) जम्मू एवं कश्मीर
(ग) दिल्ली (घ) गोवा

उत्तर के लिए कृपया पृष्ठ सं. 191 देखें।

178. भारतीय संघ में नए राज्यों के गठन का अधिकार अनुच्छेद-2 के अंतर्गत किसे प्रदान किया गया है?

(क) सर्वोच्च न्यायालय (ख) संसद्

(ग) मुख्यमंत्री (घ) प्रधानमंत्री

179. वर्तमान काल में भारत में विशेष राज्य का दर्जा प्राप्त कितने राज्य हैं?

(क) 15 (ख) 11

(ग) 12 (घ) 14

180. राज्यों को विशेष दर्जा देने का उपक्रम किस आधार पर शुरू किया गया था?

(क) सिन्हा समिति की रिपोर्ट के आधार पर

(ख) सरकारिया आयोग की रिपोर्ट के आधार पर

(ग) अशोक मेहता समिति की रिपोर्ट के आधार पर

(घ) गाडगिल फॉर्मूले के आधार पर

181. विशेष राज्य का दर्जा देते समय किस बात पर गौर नहीं किया जाता है?

(क) पर्वतीय एवं दुर्गम मार्ग

(ख) अधिक जनसंख्या

(ग) सामरिक स्थिति

(घ) पिछड़ापन

182. संघ राज्य क्षेत्र का प्रशासन किसके द्वारा किया जाता है?

(क) प्रधानमंत्री द्वारा (ख) राष्ट्रपति द्वारा

(ग) राज्यपाल द्वारा (घ) गृहमंत्री द्वारा

183. भारत एक गणतंत्र है, इसका अर्थ क्या है?

(क) यहाँ गणराज्यों की परंपरा रही है

(ख) यह कई राज्यों का समूह है

(ग) भारत का प्रधान वंशानुगत है

(घ) भारत में वंशानुगत शासन नहीं है

184. पुडुचेरी के अंतर्गत आनेवाले प्रशासनिक क्षेत्र किन अन्य राज्यों में स्थित हैं?

उत्तर के लिए कृपया पृष्ठ सं. 191 देखें।

(क) तमिलनाडु, आंध्र प्रदेश तथा केरल
(ख) अंडमान-निकोबार द्वीप समूह
(ग) लक्षद्वीप
(घ) उड़ीसा

185. किस संघ-शासित प्रदेश के प्रशासक को मुख्य आयुक्त कहा जाता है?
(क) चंडीगढ़
(ख) अंडमान-निकोबार द्वीप समूह
(ग) पुडुचेरी
(घ) दमन-दीव

186. कौन सा अनुच्छेद भारतीय संघ के अंतर्गत किसी राज्य को मिलाने का अधिकार संसद् को देता है?
(क) अनुच्छेद-1 (ख) अनुच्छेद-2
(ग) अनुच्छेद-3 (घ) अनुच्छेद-4

187. दिल्ली के प्रशासक को क्या कहते हैं?
(क) प्रशासक (ख) आयुक्त
(ग) राज्यपाल (घ) उपराज्यपाल

□

उत्तर के लिए कृपया पृष्ठ सं. 191 देखें।

7

भारतीय नागरिक और उनके अधिकार

188. नागरिकता संबंधी उपबंध भारतीय संविधान के किस भाग में और कितने अनुच्छेदों में निरूपित है?
(क) भाग-2, अनुच्छेद-2 से 6 तक
(ख) भाग-2, अनुच्छेद-5 से 8 तक
(ग) भाग-2, अनुच्छेद-5 से 11 तक
(घ) भाग-2, अनुच्छेद-3 से 10 तक

189. भारतीय संविधान में नागरिकों को कितनी श्रेणियों में वर्गीकृत किया गया है?
(क) 6 (ख) 7
(ग) 5 (घ) 6

190. भारतीय नागरिकता अधिनियम कब पारित किया गया?
(क) सन् 1960 में (ख) सन् 1959 में
(ग) सन् 1958 में (घ) सन् 1955 में

191. नागरिकता संशोधन अधिनियम कब पारित किया गया?
(क) सन् 1955 में (ख) सन् 1986 में
(ग) सन् 1975 में (घ) सन् 1965 में

192. कोई भारतीय नागरिक बिना राष्ट्रपति की अनुमति के विदेशी पुरस्कार ग्रहण नहीं कर सकता है। भारतीय संविधान के किस अनुच्छेद में इसकी

उत्तर के लिए कृपया पृष्ठ सं. 191 देखें।

व्यवस्था की गई है ?

(क) अनुच्छेद-15 (3, 8) (ख) अनुच्छेद-17 (3, 8

(ग) अनुच्छेद-18 (3, 8) (घ) अनुच्छेद-19 (3, 8)

193. संविधान के कौन से अनुच्छेद धर्म की स्वतंत्रता के अधिकार प्रदान करते हैं ?

(क) अनुच्छेद -25-27 (ख) अनुच्छेद -22-28

(ग) अनुच्छेद -25-29 (घ) अनुच्छेद -25-28

194. मौलिक अधिकारों के प्रवर्तन हेतु कौन सा अनुच्छेद संवैधानिक उपचारों का अधिकार प्रदान करता है ?

(क) अनुच्छेद-32 (ख) अनुच्छेद-33

(ग) अनुच्छेद-36 (घ) अनुच्छेद-38

195. संविधान के किस अनुच्छेद द्वारा पुरुषों और स्त्रियों दोनों के समान कार्य के लिए समान वेतन का प्रावधान किया गया है ?

(क) अनुच्छेद-36 (ख) अनुच्छेद-38

(ग) अनुच्छेद-39 (घ) अनुच्छेद-40

196. कौन सा अनुच्छेद बालकों के लिए नि:शुल्क शिक्षा की व्यवस्था करने हेतु राज्य को निर्देश देता है ?

(क) अनुच्छेद-39 (ख) अनुच्छेद-41

(ग) अनुच्छेद-45 (घ) अनुच्छेद-46

197. संविधान का अनुच्छेद-14 किस प्रकार की समता की स्थापना करता है ?

(क) विधि के समक्ष समता (ख) आर्थिक समता

(ग) न्याय के समक्ष समता (घ) शैक्षिक समता

198. किस अनुच्छेद द्वारा अस्पृश्यता का अंत किया गया है ?

(क) अनुच्छेद-17 (ख) अनुच्छेद-18

(ग) अनुच्छेद-19 (घ) अनुच्छेद-20

199. प्रेस की स्वतंत्रता संविधान के किस अनुच्छेद में निहित मानी गई है ?

(क) अनुच्छेद-19 (ख) अनुच्छेद-16

(ग) अनुच्छेद-17 (घ) अनुच्छेद-15

200. किस अनुच्छेद के अनुसार यह इंगित किया गया है किसी व्यक्ति को एक ही अपराध के लिए एक बार से अधिक दंडित नहीं किया जाएगा ?

उत्तर के लिए कृपया पृष्ठ सं. 191 देखें।

(क) अनुच्छेद-29 (2) (ख) अनुच्छेद-28 (2)
(ग) अनुच्छेद-27 (2) (घ) अनुच्छेद-26 (2)

201. किस अनुच्छेद के द्वारा बलात् श्रम प्रतिषिद्ध किया गया है ?
(क) अनुच्छेद-23 (ख) अनुच्छेद-24
(ग) अनुच्छेद-25 (घ) अनुच्छेद-27

202. किस अनुच्छेद के द्वारा धार्मिक कार्यों के प्रबंध की स्वतंत्रता प्रदान की गई है ?
(क) अनुच्छेद-29 (ख) अनुच्छेद-27
(ग) अनुच्छेद-26 (घ) अनुच्छेद-24

203. भारतीय संविधान में मौलिक अधिकारों की परिभाषा किस अनुच्छेद में दी गई है ?
(क) अनुच्छेद-11 में (ख) अनुच्छेद-12 में
(ग) अनुच्छेद-16 में (घ) अनुच्छेद-18 में

204. संविधान के किस अनुच्छेद के अंतर्गत धर्म, मूल वंश, जाति, लिंग या जन्मस्थान के आधार पर विभेद का प्रतिबंध किया गया है ?
(क) अनुच्छेद-18 के अंतर्गत
(ख) अनुच्छेद-17 के अंतर्गत
(ग) अनुच्छेद-16 के अंतर्गत
(घ) अनुच्छेद-15 के अंतर्गत

205. भारतीय संविधान में उद्घोषित मौलिक अधिकारों में संशोधन किया जा सकता है। यह कार्य कौन कर सकता है ?
(क) प्रधानमंत्री (ख) राष्ट्रपति
(ग) भारतीय संसद् (घ) सर्वोच्च न्यायालय

206. मौलिक अधिकारों की रक्षा हेतु न्यायालय कितने प्रकार के लेख जारी कर सकता है ?
(क) चार (ख) पाँच
(ग) तीन (घ) छह

207. अंत:करण से धर्म को मानने, आचरण करने तथा प्रचार करने की स्वतंत्रता किस अनुच्छेद में दी गई है ?
(क) अनुच्छेद-24 (ख) अनुच्छेद-25

उत्तर के लिए कृपया पृष्ठ सं. 191 देखें।

(ग) अनुच्छेद-27 (घ) अनुच्छेद-28

208. कौन सा अधिकार आपातकाल में भी समाप्त नहीं होता ?
(क) आर्थिक स्वतंत्रता का अधिकार
(ख) धार्मिक स्वतंत्रता का अधिकार
(ग) व्यक्तिगत स्वतंत्रता व जीवन का अधिकार
(घ) शैक्षिक स्वतंत्रता का अधिकार

209. संविधान का कौन सा अनुच्छेद सिखों द्वारा कृपाण धारण करने को धार्मिक स्वतंत्रता का अंग स्वीकार करता है ?
(क) अनुच्छेद-22 (ख) अनुच्छेद-25
(ग) अनुच्छेद-28 (घ) अनुच्छेद-29

210. भारत के राज्यक्षेत्र के अंदर स्वतंत्र तथा अबाध संचरण के अधिकार का प्रमुख उद्देश्य क्या है ?
(क) सैर-सपाटे की भावना का विकास करना
(ख) तीर्थ-यात्रा की भावना का विकास करना
(ग) शिक्षा का विकास करना
(घ) प्रांतीयतावाद को समाप्त कर राष्ट्रीयता की भावना का विकास करना

211. भारतीय संविधान में मौलिक अधिकारों का उल्लेख करते हुए निम्नलिखित में से किस देश का अनुसरण किया गया है ?
(क) स्विट्जरलैंड (ख) इंग्लैंड
(ग) जापान (घ) अमेरिका

212. निम्नलिखित में से कौन सी विशेषता मौलिक अधिकारों से संबंधित नहीं है ?
(क) मौलिक अधिकार साधारणत: अनुल्लंघनीय हैं
(ख) मौलिक अधिकार न्याय योग्य है
(ग) मौलिक अधिकार अधिकांशत: सकारात्मक स्वरूप के हैं
(घ) मौलिक अधिकार प्राय: नकारात्मक स्वरूप के हैं

213. निम्नलिखित में से कौन सा मौलिक अधिकारों का लक्षण नहीं है ?
(क) सर्वाधिक विस्तृत अधिकार-पत्र है
(ख) मौलिक अधिकार असीमित हैं

उत्तर के लिए कृपया पृष्ठ सं. 191 व 192 देखें।

(ग) मौलिक अधिकारों की रक्षा की व्यवस्था है

(घ) प्राकृतिक अधिकारों के लिए कोई स्थान नहीं

214. सन् 1915 में मौलिक अधिकारों की माँग किस रूप में की गई थी?

(क) अधिकार-पत्र

(ख) स्वाधीनता का अधिकार

(ग) मानवीय अधिकारों की घोषणा

(घ) होमरूल विधेयक

215. सन् 1925 में अधिकारों की घोषणा किस रूप में की गई?

(क) द कॉमनेवल्थ ऑफ इंडिया बिल (ख) अधिकार-पत्र

(ग) होमरूल विधेयक (घ) मैग्नाकार्टा

216. कांग्रेस के किस अधिवेशन में मौलिक अधिकारों की माँग दोहराई गई थी?

(क) 1885 के बंबई अधिवेशन

(ख) 1931 के कराची अधिवेशन में

(ग) 1886 के कलकत्ता अधिवेशन में

(घ) 1916 के लखनऊ अधिवेश में

217. मौलिक अधिकरों की रचना-प्रक्रिया को संविधान-सभा में सर्वाधिक प्रभावित करनेवाले व्यक्ति थे?

(क) बी.एन. राव (ख) डॉ. राजेंद्र प्रसाद

(ग) महात्मा गांधी (घ) पं. जवाहरलाल नेहरू

218. वर्तमान में नागरिकों को कितने मौलिक अधिकार प्राप्त हैं?

(क) 5 (ख) 6

(ग) 8 (घ) 10

219. निम्नलिखित में से कौन सा मौलिक अधिकार नहीं है?

(क) शोषण के विरुद्ध अधिकार

(ख) धार्मिक स्वतंत्रता का अधिकार

(ग) समानता का अधिकार

(घ) संपत्ति का अधिकार

220. कानून के समक्ष समानता किसकी देन है?

(क) अमेरिकी संविधान

उत्तर के लिए कृपया पृष्ठ सं. 192 देखें।

(ख) ऑस्ट्रेलियन संविधान
(ग) सोवियत संविधान
(घ) ब्रिटिश सामान्य विधि

221. 'कानून का समान संरक्षण' वाक्य कहाँ से लिया गया है?
(क) इंग्लैंड (ख) अमेरिका
(ग) जापान (घ) फ्रांस

222. कानून के समक्ष समानता से क्या अभिप्राय है?
(क) अपने अधिकारों की रक्षा के लिए प्रत्येक व्यक्ति अदालत की शरण ले सकता है
(ख) उचित आधार पर और कानून द्वारा मान्य किसी भेदभाव की व्यवस्था नहीं की जा सकती
(ग) राज्य सभी व्यक्तियों के लिए एक-सा कानून बनाएगा तथा उन्हें एक समान लागू करेगा
(घ) इनमें से कोई नहीं

223. संविधान में मूल अधिकारों से संबंधित उपबंधों को समाविष्ट करने का क्या उद्देश्य है—
(क) मनुष्य द्वारा संचालित सरकार की स्थापना करना
(ख) विधि-शासित सरकार की स्थापना करना
(ग) संविधान को गरिमा प्रदान करना
(घ) नीति-निर्देश्क तत्त्वों की तुलना में उन्हें विशिष्ट स्थिति प्रदान करना

224. किन दशाओं में नागरिकों के मूल अधिकारों को निर्बंधित अथवा निलंबित किया जा सकता है?
(क) राजनीतिक अस्थिरता उत्पन्न होने पर
(ख) आपात उद्घोषणा के अधीन
(ग) अराजकता उत्पन्न होने पर
(घ) राज्यों में राष्ट्रपति शासन लागू होने पर

225. उच्चतम न्यायालय का वह कौन सा निर्णय है, जिसमें कहा गया है कि संसद् मूल अधिकारों में अनुच्छेद-368 के अधीन परिवर्तन नहीं कर सकती?
(क) सज्जन सिंह बनाम राजस्थान राज्य

उत्तर के लिए कृपया पृष्ठ सं. 192 देखें।

(ख) शंकरी प्रसाद बनाम भारत संघ
(ग) केशवानंद बनाम भारत संघ
(घ) गोलकनाथ बनाम पंजाब राज्य

226. निम्नलिखित में से कौन सा वक्तव्य सही नहीं है?
(क) आपातकाल की घोषणा संकट सन्निकट होने पर भी की जा सकती है, चाहे वास्तव में गृह युद्ध या आक्रमण या आंतरिक अशांति न हुई हो
(ख) जब आपातकाल की घोषणा प्रवर्तन में है, तो अनुच्छेद-19 द्वारा प्रदत्त अधिकार निलंबित हो जाते हैं
(ग) अनुच्छेद-19 (क) में प्रदत्त अधिकारों को अब केवल देश पर बाह्य आक्रमण या सशस्त्र विद्रोह के कारण, देश की सुरक्षा के लिए संकट उत्पन्न होने की दशा में ही निलंबित किया जा सकता है
(घ) राष्ट्रपति को अनुच्छेद-21 द्वारा प्राण एवं दैहिक स्वाधीनता के अधिकार को भी निलंबित करने का अधिकार होगा

227. निम्नलिखि में से कौन सा कथन सही नहीं है?
(क) मूल अधिकार व्यक्ति के विरुद्ध संरक्षण है
(ख) मूल अधिकारों का जन्म ही जनता और राज्य-शक्ति के बीच संघर्ष का परिणाम
(ग) मूल अधिकार राज्य के विरुद्ध संरक्षण हैं
(घ) भारतीय संविधान के भाग-3 द्वारा प्रदत्त अधिकार राज्य-शक्ति के विरुद्ध गारंटी किए गए हैं, न कि सामान्य व्यक्तियों के अवैध कृत्यों के विरुद्ध

228. कौन सा अनुच्छेद उच्चतम न्यायालय को नागरिकों के मूल अधिकारों का प्रहरी बना देता है?
(क) अनुच्छेद-30 (ख) अनुच्छेद-33
(ग) अनुच्छेद-32 (घ) अनुच्छेद-31

229. संविधान के अधीन कौन सा मूल अधिकार नहीं है?
(क) धर्म की स्वंतत्रता का अधिकार
(ख) समान कार्य के लिए समान वेतन

उत्तर के लिए कृपया पृष्ठ सं. 192 देखें।

(ग) वाक् स्वातंत्र्य

(घ) समता का अधिकार

230. किस अनुच्छेद के अंतर्गत प्रदत्त अधिकार केवल भारत के नागरिकों को ही उपलब्ध हैं?

(क) अनुच्छेद-1 (ख) अनुच्छेद-18

(ग) अनुच्छेद-19 (घ) अनुच्छेद-20

231. अनुच्छेद-19 में उल्लिखित स्वतंत्रता किसकी नहीं है?

(क) आवास की स्वतंत्रता (ख) प्रेस की स्वतंत्रता

(ग) सैर-सपाटे की स्वतंत्रता (घ) सभा करने की स्वतंत्रता

232. वाक् और अभिव्यक्ति की स्वतंत्रता से संबंधित क्या नहीं है?

(क) हड़ताल (ख) प्रेस

(ग) विज्ञापन (घ) फिल्म प्रदर्शन

233. निम्नलिखित में से कौन सा मूल अधिकार नहीं है?

(क) धार्मिक स्वतंत्रता

(ख) वाक् स्वातंत्र्य

(ग) हड़ताल की स्वतंत्रता

(घ) सभा करने की स्वतंत्रता

234. अनुच्छेद-26 प्रत्येक धर्म के अनुयायी को निम्नलिखित में से कौन सा अधिकार प्रदान नहीं करता?

(क) धार्मिक मामलों का स्वयं प्रबंध करना

(ख) धर्मांतरण का

(ग) धार्मिक संस्थाओं और दान से स्थापित सार्वजनिक सेवा संस्थाओं की स्थापना

(घ) चल और अचल संपत्ति के अर्जन तथा स्वामित्व का

235. जब कोई पदाधिकारी अपने सार्वजनिक कर्तव्य का निर्वाह नहीं करता तो, उच्चतम एवं उच्च न्यायालयों द्वारा कौन सा लेख जारी किया जाता है?

(क) परमादेश (ख) उत्प्रेषण

(ग) अधिकार पृच्छा (घ) प्रतिषेध

236. जब कोई व्यक्ति ऐसे पदाधिकारी के रूप में कार्य करने लगता है जिसके रूप में कार्य करने का उसे वैधानिक रूप से अधिकार नहीं है, तो न्यायालय

उत्तर के लिए कृपया पृष्ठ सं. 192 देखें।

कौन सा लेख जारी करता है ?

(क) बंदी प्रत्यक्षीकरण (ख) अधिकार पृच्छा

(ग) परमादेश (घ) उत्प्रेषण

237. संपत्ति का अधिकार किस संवैधानिक संशोधन द्वारा कानूनी अधिकार बना दिया गया है ?

(क) 41वाँ संशोधन (ख) 42वाँ संशोधन

(ग) 43वाँ संशोधन (घ) 44वाँ संशोधन

238. भारतीय संविधान के अनुच्छेद-20 की धारा 2 के अंतर्गत दोहरे दंड का क्या तात्पर्य है ?

(क) एक ही अपराध के लिए एक बार से अधिक न्यायिक कारवाई और दंड का भागी नहीं बनाया जा सकता

(ख) न्यायालय से दोष सिद्ध हो जाने पर उसी अपराध के लिए विभागीय कारवाई द्वारा दंडित नहीं किया जा सकता

(ग) विभागीय कारवाई द्वारा दोष सिद्ध हो जाने पर उसी अपराध के लिए न्यायिक कारवाई नहीं की जा सकती

(घ) किसी न्यायादेश की अवज्ञा के लिए दीवानी न्यायालयों में फौजदारी कारवाई के साथ कारवाई नहीं की जा सकती

239. निम्नलिखित में से किस एक मूल अधिकार की प्रत्याभूमि केवल भारत के नागरिकों को दी गई है और भारत में रहनेवाले विदेशियों को नहीं ?

(क) धार्मिक स्वतंत्रता

(ख) समान कार्य के लिए समान वेतन

(ग) समता का अधिकार

(घ) अभिव्यक्ति-स्वातंत्र्य

240. राज्य ऐसा कोई कानून नहीं बनाएगा, जो मौलिक अधिकारों को घटाता है अथवा समाप्त कर देता है। निम्नलिखित में से कौन इस उद्देश्य की दृष्टि से कानून नहीं माना जाएगा ?

(क) नियम (ख) अध्यादेश

(ग) संवैधानिक संशोधन (घ) अधिनियम

241. निम्नलिखित में से कौन सी एक स्वतंत्रता की भारतीय संविधान द्वारा गारंटी नहीं दी गई है ?

उत्तर के लिए कृपया पृष्ठ सं. 192 देखें।

(क) इच्छानुसार देश भर में घूमने-फिरने की स्वतंत्रता
(ख) इच्छानुसार व्यापार करने की स्वतंत्रता
(ग) संपत्ति रखने, खरीदने और बेचने की स्वतंत्रता
(घ) शांतिपूर्वक तथा बिना शस्त्रों के एकत्रित होने की स्वतंत्रता

242. भारत के संविधान के अंतर्गत वाक् स्वातंत्र्य किसके संरक्षण करने के आधार पर युक्तियुक्त निर्बंधन के अधीन होता है?
(क) संविधान के क्रियारत रहने की गरिमा
(ख) प्रधानमंत्री के पद की गरिमा
(ग) देश की संप्रभुता और अखंडता
(घ) केंद्रीय मंत्रिपरिषद् की गरिमा

243. मूल अधिकारों का निम्नलिखित में से कौन सा वर्ग अस्पृश्यता की समाप्ति का समाविष्ट करता है?
(क) समानता का अधिकार (ख) धर्म का अधिकार
(ग) स्वतंत्रता का अधिकार (घ) शोषण के विरुद्ध अधिकार

244. संपत्ति का अधिकार निम्नलिखित में से किस वर्ग में आता है?
(क) मूल अधिकार (ख) विधिक अधिकार
(ग) मानवाधिकार (घ) प्राकृतिक अधिकार

245. संविधान के किस भाग में मौलिक अधिकार के प्रावधानों को शामिल किया गया है?
(क) भाग-2 में (ख) भाग-3 में
(ग) भाग-4 में (घ) भाग-6 में

246. संविधान में प्रेस की स्वतंत्रता का अलग से उल्लेख नहीं है, यह स्वतंत्रता किस अनुच्छेद में अंतर्निहित है?
(क) अनुच्छेद-15
(ख) अनुच्छेद-18 (2) (क) में
(ग) अनुच्छेद-19 (2) (क) में
(घ) अनुच्छेद-19 (1) (क) में

247. संविधान के किस भाग को 'भारत का मैग्नाकार्टा' कहा जाता है?
(क) भाग-3 को (ख) भाग-2 को
(ग) भाग-4 को (घ) भाग-6 को

उत्तर के लिए कृपया पृष्ठ सं. 192 देखें।

248. यदि कोई व्यक्ति अपनी इच्छा से विदेशी राज्य की नागरिकता प्राप्त कर लेता है, तो उसकी भारतीय नागरिकता का क्या होता है ?

(क) स्वत: समाप्त हो जाती है

(ख) स्वत: समाप्त नहीं हो जाती है

(ग) यथावत् बनी रहती है

(घ) सरकार समाप्त कर देती है

☐

उत्तर के लिए कृपया पृष्ठ सं. 192 देखें।

8

भारत के नागरिक के मूल कर्तव्य

249. किस अनुच्छेद के अंतर्गत मूल कर्तव्यों की व्यवस्था की गई है?
(क) अनुच्छेद-51(क) (ख) अनुच्छेद-51(क)
(ग) अनुच्छेद-50(क) (घ) अनुच्छेद-50

250. संविधान में मूल कर्तव्यों का समावेश कब किया गया था?
(क) सन् 1974 में (ख) सन् 1975 में
(ग) सन् 1976 में (घ) सन् 1978 में

251. संविधान में मूल कर्तव्यों के समावेश के लिए किसने सिफारिश की थी?
(क) सरकारिया आयोग (ख) स्वर्ण सिंह समिति
(ग) जवाहरलाल नेहरू (घ) इंदिरा गांधी

252. मूल कर्तव्यों का उल्लंघन संविधान के किस भाग में किया गया?
(क) भाग-4 (क) में (ख) भाग-4 (ख) में
(ग) भाग-5 (क) में (घ) भाग-6 (क) में

253. मूल कर्तव्यों का उल्लंघन होने पर किस दंड की व्यवस्था है?
(क) फाँसी (ख) सात साल कैद
(ग) पद से हटना (घ) किसी की नहीं

254. किस मामले में उच्चतम न्यायालय ने व्यवस्था दी है कि सरकार देश की शिक्षण संस्थाओं में प्रति सप्ताह एक घंटे पर्यावरण संरक्षण की व्यवस्था करे?
(क) शंकरी प्रसाद सिंह बनाम भारत संघ
(ख) सत्यवीर सिंह बनाम भारत संघ

उत्तर के लिए कृपया पृष्ठ सं. 192 देखें।

(ग) एम.सी. मेहता बनाम भारत संघ
(घ) वेंकटरामन बनाम भारत संघ

255. किस अनुच्छेद में संविधान का पालन करने और उसके आदर्शों संस्थाओं राष्ट्रध्वज एवं राष्ट्रगान का आदर करने संबंधी उपबंध है?
(क) अनुच्छेद-52(क) (ख) अनुच्छेद-53(ख)
(ग) अनुच्छेद-51(क) (क) (घ) अनुच्छेद-52(ख)

256. किस अनुच्छेद में व्यवस्था है कि देश की स्वतंत्रता की रक्षा करते हुए नागरिक राष्ट्रीय आंदोलन को प्रेरित करने वाले उच्चादर्शों का पालन करें?
(क) अनुच्छेद-53(ख) (क) (ख) अनुच्छेद-51(क) (ख)
(ग) अनुच्छेद-52(क) (ख) (घ) अनुच्छेद-51(क)(क)

257. भारत की संप्रभुता एवं अखंडता की रक्षा करने और उसे अक्षुण्ण रखने संबंधी उपबंध किस अनुच्छेद में है?
(क) अनुच्छेद-51(क) (ग) (ख) अनुच्छेद-51(क) (क)
(ग) अनुच्छेद-51(क) (ख) (घ) अनुच्छेद-53(क)

258. देश की रक्षा करना और आह्वान किए जाने पर राष्ट्र की सेवा करना किस का कर्तव्य है?
(क) प्रधानमंत्री का (ख) सेनापति का
(ग) राष्ट्रपति का (घ) भारतीय नागरिक का

259. किस अनुच्छेद में व्यवस्था है कि नागरिक देश में धर्म, भाषा एवं प्रदेश या वर्ग पर आधारित समरसता और समान भ्रातृत्व की भावना विकसित करें साथ ही ऐसी प्रथाओं का त्याग करे, जो स्त्रियों के सम्मान के विरुद्ध हैं?
(क) अनुच्छेद-51(क) (ङ)
(ख) अनुच्छेद-51(क) (ख)
(ग) अनुच्छेद-51(क) (क)
(घ) अनुच्छेद-52(क) (क)

260. किस अनुच्छेद में यह व्यवस्था है कि भारतीय नागरिक देश की सामाजिक संस्कृति की गौरवशाली परंपरा का महत्त्व समझते हुए परिरक्षण करें?
(क) अनुच्छेद-51(क) (ख) (ख) अनुच्छेद-51(क) (घ)
(ग) अनुच्छेद-52(क) (ख) (घ) अनुच्छेद-51(क) (च)

उत्तर के लिए कृपया पृष्ठ सं. 192 देखें।

261. किस अनुच्छेद में प्राकृतिक पर्यावरण के संरक्षण का मूल कर्तव्य है ?

(क) अनुच्छेद-53(क) (ख) अनुच्छेद-51 (च)

(ग) अनुच्छेद-51(क)(छ) (घ) अनुच्छेद-51(क)

262. किस अनुच्छेद में वैज्ञानिक दृष्टिकोण, मानववाद, ज्ञानार्जन और सुधार की भावना विकसित करना मूल कर्तव्य माना गया है ?

(क) अनुच्छेद-51(क) (ग) (ख) अनुच्छेद-51(क) (ज)

(ग) अनुच्छेद-51(क) (घ) (घ) अनुच्छेद-51(क) (छ)

263. किस अनुच्छेद में नागरिकों का यह कर्तव्य निर्धारित है कि सार्वजनिक संपत्ति को सुरक्षित रखें ?

(क) अनुच्छेद-51(क) (झ) (ख) अनुच्छेद-56(क) (क)

(ग) अनुच्छेद-56(क) (ख) (घ) अनुच्छेद-54(क) (झ)

264. किस अनुच्छेद में नागरिकों के लिए यह निर्धारित किया गया है कि मूल कर्तव्य और व्यक्तिगत एवं सामूहिक गतिविधियों के सभी क्षेत्रों में उत्कर्ष की ओर बढ़ने का सतत प्रयास करें, जिससे राष्ट्र निरंतर आगे बढ़ते हुए उपलब्धि की नई ऊँचाइयों को छू ले ?

(क) अनुच्छेद-53(क) (क) (ख) अनुच्छेद-52(क) (झ)

(ग) अनुच्छेद-51(क) (ञ) (घ) अनुच्छेद-51(क) (ज)

265. संविधान में दस मूल कर्तव्यों को शामिल करने का विचार किस देश के संविधान से लिया गया है ?

(क) पूर्व सोवियत संघ (ख) कनाडा

(ग) जापान (घ) इंग्लैंड

266. संविधान के किस संशोधन द्वारा मूल कर्तव्यों को जोड़ा गया है ?

(क) 40वें संशोधन द्वारा (ख) 42वें संशोधन द्वारा

(ग) 44वें संशोधन द्वारा (घ) 50वें संशोधन द्वारा

267. भारतीय संविधान में निम्नलिखित में से किस एक को मूल कर्तव्य के रूप में सम्मिलित नहीं किया गया है ?

(क) संविधान का पालन एवं आदर करना

(ख) अल्पसंख्यकों की रक्षा करना

(ग) स्वतंत्रता के लिए प्रेरक उच्च आदर्शों का पालन

(घ) भारत की प्रभुता एवं अखंडता की रक्षा

उत्तर के लिए कृपया पृष्ठ सं. 192 व 193 देखें।

268. निम्नलिखित में से कौन सा मौलिक कर्तव्य नहीं है?
(क) देश की रक्षा करना
(ख) समाज में भाईचारे की भावना विकसित करना
(ग) सामाजिक संस्कृति का महत्त्व समझना
(घ) स्मारकों तथा राष्ट्रीय महत्त्व के स्थानों की रक्षा करना

269. संविधान में उल्लिखित मूल कर्तव्यों के संदर्भ में नागरिकों से क्या अपेक्षा की जाती है?
(क) नागरिक मूल कर्तव्यों का पालन करेंगे
(ख) नागरिक मूल कर्तव्यों का पालन नहीं करेंगे
(ग) नागरिक मूल कर्तव्यों का गुणगान करेंगे
(घ) नागरिक मूल कर्तव्यों का पाठ करेंगे

270. भारतीय संविधान में नागरिकों के कुल कितने मूल कर्तव्यों का उल्लेख किया गया है?
(क) 11 (ख) 12
(ग) 15 (घ) 20

271. मूल कर्तव्य निम्नलिखित में से किन पर आधारित हैं?
(क) भारतीय परंपरा, मिथक, धर्म एवं व्यवहार
(ख) भारतीय इतिहास एवं धर्म
(ग) भारतीय साहित्य एवं संस्कृति
(घ) भारतीय कला

272. किस अनुच्छेद में अभिभावकों के लिए यह कर्तव्य निर्धारित किया गया है कि वे छह से चौदह वर्ष के बच्चों को शिक्षा का अवसर प्रदान करें?
(क) अनुच्छेद-60क (क) (ख) अनुच्छेद-56क (ख)
(ग) अनुच्छेद-55क (झ) (घ) अनुच्छेद-51क (ञ)

273. भारतीय संविधान में छह से चौदह वर्ष के बच्चों को शिक्षा का अवसर प्रदान करने से संबंधित उपबंध कब जोड़ा गया था?
(क) 83वें संवैधानिक संशोधन अधिनियम, 2002 द्वारा
(ख) 85वें संवैधानिक संशोधन अधिनियम, 2002 द्वारा
(ग) 86वें संवैधानिक संशोधन अधिनियम, 2002 द्वारा
(घ) 88वें संवैधानिक संशोधन अधिनियम, 2002 द्वारा □

उत्तर के लिए कृपया पृष्ठ सं. 193 देखें।

९

राज्य के नीति-निर्देशक तत्त्व

274. राज्य के नीति-निर्देशक सिद्धांत किस प्रकार मौलिक अधिकारों से भिन्न हैं?
   (क) नीति-निर्देशक सिद्धांत सामाजिक व्यवस्था के संवाहक हैं, जबकि मौलिक अधिकार वैयक्तिक व्यवस्था के
   (ख) नीति-निर्देशक सिद्धांतों से देश का संचालन होता है, जबकि मौलिक अधिकारों से नहीं
   (ग) नीति-निर्देशक सिद्धांत राज्यों के लिए नहीं है, जबकि मौलिक अधिकार व्यक्ति के लिए हैं
   (घ) नीति-निर्देशक सिद्धांत प्रवर्तनीय नहीं हैं, जबकि मौलिक अधिकार प्रवर्तनीय हैं

275. नीति-निर्देशक तत्त्वों का प्रावधान भारतीय संविधान के किस भाग में है?
   (क) भाग-4 (ख) भाग-5
   (ग) भाग-5 (घ) भाग-6

276. किसका कथन है कि कोई सरकार निर्देशक तत्त्वों की उपेक्षा करती है तो उसे निश्चित ही इसके लिए जनता के समक्ष उत्तरदायी होना पड़ेगा?
   (क) पं. जवाहरलाल नेहरू (ख) डॉ. बी.आर. अंबेडकर
   (ग) महात्मा गांधी (घ) डॉ. राजेंद्र प्रसाद

277. लोक नियोजन के विषय में अवसर की समानता का उल्लेख किस अनुच्छेद में किया गया है?

उत्तर के लिए कृपया पृष्ठ सं. 193 देखें।

(क) अनुच्छेद-20 (ख) अनुच्छेद-17
(ग) अनुच्छेद-15 (घ) अनुच्छेद-16

278. कल्याणकारी राज्य की अवधारणा संविधान के किस अनुच्छेद में निरूपित है?
(क) अनुच्छेद-37 (ख) अनुच्छेद-38
(ग) अनुच्छेद-39 (घ) अनुच्छेद-50

279. संविधान का सामाजिक न्याय दर्शन किसमें निहित है?
(क) मूल कर्तव्यों में (ख) निर्देशक तत्त्वों में
(ग) मूल अधिकारों में (घ) न्यायपालिका में

280. संविधान के किस भाग में निर्देशक तत्त्वों का उल्लेख किया गया है?
(क) तृतीय भाग में (ख) चतुर्थ भाग में
(ग) पंचम भाग में (घ) षष्ठ भाग में

281. नीति-निर्देशक तत्त्वों की दृष्टि से सबसे महत्त्वपूर्ण अनुच्छेद कौन सा है?
(क) अनुच्छेद-32 (ख) अनुच्छेद-35
(ग) अनुच्छेद-39 (घ) अनुच्छेद-40

282. निम्नलिखित में से कौन सा कथन निर्देशक तत्त्वों के संबंध में सही नहीं है?
(क) निर्देशक सिद्धांतों का कानूनी महत्त्व है
(ख) ये सिद्धांत कार्यपालिका तथा विधानमंडल के लिए निर्देशक हैं
(ग) निर्देशक तत्त्व भारतीय प्रशासकों के आचरण के सिद्धांत हैं
(घ) विधि रचना में इन तत्त्वों का प्रयोग करना राज्य का कर्तव्य है

283. ये सिद्धांत ऊँचे-ऊँचे आदर्शों की घोषणाएँ हैं—यह वक्तव्य किसके बारे में कहा गया है?
(क) उद्देशिका (ख) निर्देशक तत्त्व
(ग) मूल कर्तव्य (घ) मूल अधिकार

284. भारतीय संविधान का यह भाग फेबियन समाजवाद की ही स्थापना करता है—यह कथन किस भाग से संबंधित है?
(क) मूल कर्तव्य (ख) उद्देशिका
(ग) नीति-निर्देशक तत्त्व (घ) मूल अधिकार

285. निम्नलिखित में से कौन सा कथन अधिक सही है?

उत्तर के लिए कृपया पृष्ठ सं. 193 देखें।

(क) मौलिक अधिकार और निर्देशक तत्त्व एक दूसरे के पूरक हैं
(ख) मौलिक अधिकार और निर्देशक तत्त्व एक दूसरे के विरोधी हैं
(ग) मौलिक अधिकार निर्देशक तत्त्वों के ही भाग हैं
(घ) निर्देशक तत्त्व मौलिक अधिकारों के ही भाग हैं

286. निम्नलिखित में से कौन सी नीति निर्देशक तत्त्वों की विशेषता नहीं है?
(क) निर्देशक तत्त्व नकारात्मक हैं
(ख) निर्देशक तत्त्व वाद योग्य हैं
(ग) निर्देशक तत्त्व निरर्थक हैं
(घ) निर्देशक तत्त्व सकारात्मक हैं

287. भूमि-सुधार कानूनों का क्या लक्ष्य था?
(क) उद्देशिका का कार्यान्वयन
(ख) मूल कर्तव्यों का कार्यान्वयन
(ग) मूल अधिकारों का कार्यान्वयन
(घ) नीति-निर्देशक तत्त्वों का कार्यान्वयन

288. संविधान लागू होने के प्रथम दशक में न्यायालय का क्या मत था?
(क) मूल अधिकार संसद् पर अभिभावी होंगे
(ख) मूल अधिकार कानूनों पर अभिभावी होंगे
(ग) मूल अधिकार मूल कर्तव्यों पर अभिभावी होंगे
(घ) मूल अधिकार निर्देशक तत्त्वों पर अभिभावी होंगे

289. नीति-निर्देशक सिद्धांतों का क्या लक्ष्य है?
(क) समाजवादी एवं कल्याणकारी राज्य की स्थापना
(ख) धर्मनिरपेक्ष राज्य की स्थापना
(ग) लोकवादी राज्य की स्थापना
(घ) हिंदू राज्य की स्थापना

290. इनमें से कौन सा नीति-निर्देशक सिद्धांत नहीं है?
(क) श्रमिकों के लिए जीवन पारिश्रमिक
(ख) महिलाओं के लिए आरक्षण
(ग) नीति के तत्त्वों का पालन
(घ) ग्राम पंचायतों का संगठन

291. गांधी की विचारधारा से संबंधित निर्देशक तत्त्व कौन सा है?

उत्तर के लिए कृपया पृष्ठ सं. 193 देखें।

(क) पर्यावरण संरक्षण एवं वन्य जीव-रक्षा
(ख) जनसाधारण के स्वास्थ्य में सुधार का प्रयत्न
(ग) बच्चों के लिए नि:शुल्क एवं अनिवार्य शिक्षा
(घ) कुटीर उद्योगों को बढ़ावा देना

292. 42वें संविधान संशोधन द्वारा कौन सा नीति-निर्देशक तत्त्व जोड़ा गया है?
(क) मुफ्त कानूनी सहायता
(ख) ग्राम पंचायतों का संगठन
(ग) नीति के तत्त्वों का पालन
(घ) मद्‌य-निषेध

293. नीति-निर्देशक तत्त्वों का प्रावधान भारतीय संविधान के किन अनुच्छेदों में है?
(क) अनुच्छेद 20-50 (ख) अनुच्छेद 33-52
(ग) अनुच्छेद 36-51 (घ) अनुच्छेद 38-59

294. नीति-निर्देशक सिद्धांतों की आलोचना का निम्नलिखित में कौन सा प्रमुख कारण है?
(क) ये सिद्धांत अव्यावहारिक हैं
(ख) ये वैधानिक शक्ति प्राप्त या न्याय योग्य नहीं हैं
(ग) ये सिद्धांत किसी निश्चित एवं संगतिपूर्ण दर्शन पर आधारित नहीं हैं
(घ) ये सिद्धांत जरूरत से ज्यादा अव्यावहारिक हैं

295. नीति-निर्देशक तत्त्वों के बारे में यह कथन किसका है—यह एक ऐसा चेक है, जिसका भुगतान बैंक की इच्छा पर छोड़ दिया गया है?
(क) के.टी. शाह (ख) डॉ. भीमराव अंबेडकर
(ग) जेनिंग्स (घ) पं. जवाहरलाल नेहरू

296. चौदह प्रमुख बैंकों के राष्ट्रीयकरण का क्या उददेश्य था?
(क) बीस सूत्रीय कार्यक्रम का कार्यान्वयन
(ख) नीति-निर्देशक सिद्धांतों का कार्यान्वयन
(ग) मौलिक अधिकारों का कार्यान्वयन
(घ) नए आर्थिक कार्यक्रमों का कार्यान्वयन

297. बेरोजगारों के लिए बेरोजगारी भत्ते की व्यवस्था करना किससे संबंधित है?

उत्तर के लिए कृपया पृष्ठ सं. 193 देखें।

(क) नीति-निर्देशक तत्त्व
(ख) उद्देशिका
(ग) मौलिक अधिकार
(घ) मूल कर्तव्य

298. आर्थिक और सामाजिक न्याय से संबंधित नीति-निर्देशक तत्त्व संविधान के किस अनुच्छेद में निहित हैं?
(क) अनुच्छेद-37 (ख) अनुच्छेद-39
(ग) अनुच्छेद-40 (घ) अनुच्छेद-41

299. संविधान के अनुच्छेद-51 का संबंध किससे है?
(क) अंतरराष्ट्रीय शांति और सुरक्षा
(ख) समाजवादी राज्य की स्थापना
(ग) रामराज्य की स्थापना
(घ) कल्याणकारी राज्य की स्थापना

300. विश्व के किस संविधान में सबसे पहले राज्य की आर्थिक और संवैधानिक नीतियों की घोषणा की गई थी?
(क) जापान (ख) जर्मनी
(ग) कनाडा (घ) इंग्लैंड

301. संविधान के किस भाग में ग्राम पंचायतों के गठन, प्रबंध में मजदूरों की सहभागिता और वन्य जीवन का संरक्षण जैसे सिद्धांत दिए गए हैं?
(क) भाग-3, मूल अधिकार के अध्याय में
(ख) भाग-4(क), मूल कर्तव्य के अध्याय में
(ग) भाग-4, निर्देशक तत्त्व के अध्याय में
(घ) इनमें से किसी में भी नहीं

302. 25वें संविधान संशोधन का क्या उद्देश्य था?
(क) उद्देशिका के महत्त्व को बढ़ाना
(ख) मूल कर्तव्य के महत्त्व को बढ़ाना
(ग) मूल अधिकारों के महत्त्व को बढ़ाना
(घ) नीति-निर्देशक सिद्धांतों के महत्त्व को बढ़ाना

303. निम्नलिखित में से कौन सा वक्तव्य गलत है?
(क) मूल अधिकार और नीति-निर्देशक तत्त्व दोनों एक-दूसरे के पूरक हैं

उत्तर के लिए कृपया पृष्ठ सं. 193 देखें।

(ख) मूल अधिकार लक्ष्य है और नीति-निर्देशक तत्त्व वे साधन हैं जिनके माध्यम से उन लक्ष्यों को प्राप्त करना चाहिए

(ग) मूल अधिकार और निर्देशक तत्त्व संविधान की आत्मा हैं

(घ) निर्देशक तत्त्व लक्ष्य हैं और मूल अधिकार वे साधन हैं, जिनके माध्यम से उन लक्ष्यों को प्राप्त करना चाहिए

304. निम्नलिखित में से कौन सा राज्य का नीति-निर्देशक तत्त्व नहीं है?

(क) सरकार यह प्रयत्न करेगी कि जनसंख्या नियंत्रण और परिवार कल्याण के कार्यक्रमों को प्रोत्साहन मिले

(ख) सरकार यह प्रयत्न करेगी कि गोवध बंद हो

(ग) सरकार यह प्रयत्न करेगी कि पंचायतों को स्वशासी संस्थाओं के रूप में विकसित किया जाए

(घ) सरकार यह प्रयत्न करेगी कि समान कार्य के लिए समान वेतन मिले

305. मूल अधिकार और राज्य के नीति-निर्देशक तत्त्व परस्पर पूरक हैं—एक के लिए दूसरे का त्याग आवश्यक नहीं है। न्यायपालिका ने यह कब कहा?

(क) गोलकनाथ मामले में

(ख) केशवानंद भारती मामले में

(ग) मिनर्वा मिल्स मामले में

(घ) बनारसीदास मामले में

306. किस का कथन है कि नीति-निर्देशक तत्त्वों का महत्त्व इस बात में है कि वे नागरिकों के प्रति राज्य के सकारात्मक दायित्व हैं?

(क) पायली (ख) आइवर जेनिंग्स

(ग) के.सी. ह्वीयर (घ) के.टी. शाह

307. राज्य के नीति-निर्देशक सिद्धांतों की कार्यान्विति की प्रगति का उत्तम स्पष्टीकरण है—

(क) लोकायुक्त (ख) बिचौलियों का समापन

(ग) चुनाव प्रक्रिया (घ) योजना आयोग

308. भारतीय संविधान के अंतर्गत धन का केंद्रीयकरण किसका अतिक्रमण करता है?

उत्तर के लिए कृपया पृष्ठ सं. 193 देखें।

(क) कल्याण की भावना का
(ख) समानता के अधिकार का
(ग) निर्देशक तत्त्व का
(घ) स्वतंत्रता के अधिकार का

309. निम्नलिखित में से कौन से जोड़े का मिलान ठीक नहीं है ?
(क) बच्चों और युवा वर्ग की शोषण से रक्षा—अनुच्छेद 39
(ख) स्मारकों और राष्ट्रीय महत्त्व की वस्तुओं एवं स्थानों की रक्षा—अनुच्छेद 48(ए)
(ग) चौदह वर्ष से कम आयुवाले बच्चों के लिए निःशुल्क एवं अनिवार्य शिक्षा का प्रावधान—अनुच्छेद 45(ए)
(घ) काम करने, शिक्षा प्राप्त करने और कुछ मामलों में सार्वजनिक सहायता प्राप्त करने का अधिकार—अनुच्छेद 44

310. निम्नलिखित नीति-निर्देशक सिद्धांत में कौन सा एक भारतीय संविधान में मूलतः नहीं था ?
(क) निःशुल्क कानूनी सहायता
(ख) पर्याप्त जीविका साधन का अधिकार
(ग) चौदह वर्ष से कम आयु के बच्चों के लिए अनिवार्य एवं निःशुल्क शिक्षा
(घ) गोवध पर प्रतिबंध

□

उत्तर के लिए कृपया पृष्ठ सं. 193 व 194 देखें।

10

राष्ट्रपति

311. अनुच्छेद-53 के अंतर्गत संघ की कार्यपालिका शक्ति किसमें निहित की गई है?
(क) प्रधानमंत्री में (ख) राष्ट्रपति में
(ग) उपराष्ट्रपति में (घ) राज्यपाल

312. भारत के राष्ट्रपति का निर्वाचन किस अनुच्छेद के अंतर्गत किया जाता है?
(क) अनुच्छेद-52 (ख) अनुच्छेद-53
(ग) अनुच्छेद-54 (घ) अनुच्छेद-56

313. भारत के राष्ट्रपति के निर्वाचन की पद्धति किस अनुच्छेद के अंतर्गत निरूपित हैं?
(क) अनुच्छेद-55 (ख) अनुच्छेद-56
(ग) अनुच्छेद-57 (घ) अनुच्छेद-58

314. राष्ट्रपति पद के उम्मीदवार के लिए शर्तें किस अनुच्छेद में निरूपित हैं?
(क) अनुच्छेद-56 (ख) अनुच्छेद-57
(ग) अनुच्छेद-58 (घ) अनुच्छेद-59

315. राष्ट्रपति पद के उम्मीदवार को निर्वाचक मंडल के कम-से-कम कितने मतदाताओं द्वारा समर्थित या अनुमोदित होना चाहिए?
(क) निर्वाचक मंडल के कम-से-कम 50 मतदाताओं द्वारा समर्थित होना चाहिए

उत्तर के लिए कृपया पृष्ठ सं. 194 देखें।

(ख) निर्वाचक मंडल के कम-से-कम 45 मतदाताओं द्वारा समर्थित होना चाहिए
(ग) निर्वाचक मंडल के कम-से-कम 40 मतदाताओं द्वारा समर्थित होना चाहिए
(घ) निर्वाचक मंडल के कम-से-कम 30 मतदाताओं द्वारा समर्थित होना चाहिए

316. राष्ट्रपति के चुनाव में कौन भाग लेता है ?
(क) सरकारी कर्मचारी
(ख) आम जनता
(ग) न्यायाधीश
(घ) संसद् एवं राज्य विधानसभाओं के निर्वाचित सदस्य

317. मान लीजिए, दो राज्यों की विधानसभाएँ विघटित हो चुकी हैं तो क्या राष्ट्रपति के चुनाव को इस आधार पर स्थगित किया जा सकता है ?
(क) विघटित विधानसभाओं के सदस्य बाद में मतदान कर सकते हैं
(ख) स्थगित किया जा सकता
(ग) विघटित विधानसभाओं वाले राज्यों से विधान परिषद् के सदस्य मतदान करेंगे
(घ) स्थगित नहीं किया जा सकता

318. क्या कोई व्यक्ति राष्ट्रपति पद के लिए दूसरी बार निर्वाचन का पात्र है ?
(क) नहीं
(ख) मुख्य न्यायाधीश से अनुमति लेनी पड़ेगी
(ग) हाँ
(घ) प्रधानमंत्री की संस्तुति पर

319. भारत के संविधान के अनुच्छेद-356 में राष्ट्रपति को यह शक्ति प्रदान की गई कि वह आपातकाल की घोषणा करे, यदि वह संतुष्ट हो कि—
(क) राज्य की सरकार संविधान के प्रावधानों के अनुसार नहीं चल सकती
(ख) राज्य की सरकार उसकी इच्छा के अनुसार नहीं चल सकती
(ग) उसका पद खतरे में है
(घ) उसकी जान खतरे में है

320. भारत में अब तक तीन बार राष्ट्रीय आपातकाल की उद्घोषणा की गई है।

उत्तर के लिए कृपया पृष्ठ सं. 194 देखें।

पहली बार डॉ. सर्वपल्ली राधाकृष्णन् ने, दूसरी बार वी.वी. गिरि ने आपातकाल की घोषणा की। तीसरी बार आपातकाल की घोषणा पर हस्ताक्षर किसने किए?

(क) ज्ञानी जैलसिंह ने

(ख) नीलम संजीव रेड्डी ने

(ग) फखरुद्दीन अली अहमद ने

(घ) डॉ. शंकर दयाल शर्मा ने

321. राष्ट्रपति शासन के दौरान राज्य का प्रमुख शासन संचालक कौन होता है?

(क) प्रधानमंत्री

(ख) राज्यपाल

(ग) मुख्यमंत्री

(घ) उच्च न्यायालय का मुख्य न्यायाधीश

322. भारत के किस राज्य में सबसे पहले राष्ट्रपति शासन लागू किया गया?

(क) बिहार (ख) पंजाब

(ग) जम्मू एवं कश्मीर (घ) राजस्थान

323. वह कौन सा एकमात्र मामला है, जिसमें भारत के राष्ट्रपति ने अपनी वीटो शक्ति का प्रयोग किया?

(क) भारतीय डाकघर (संशोधन) अधिनियम, 1986

(ख) टेलीफोन टेपिंग

(ग) न्यायिक सक्रियता

(घ) मृत्युदंड

324. संसद् को संबोधित करने हेतु राष्ट्रपति का भाषण कौन तैयार करता है?

(क) राष्ट्रपति का निजी सचिव (ख) केंद्रीय मंत्रिमंडल

(ग) लोकसभा अध्यक्ष (घ) मुख्य न्यायाधीश

325. राष्ट्रपति किस स्थिति में अध्यादेश जारी कर सकता है?

(क) संसद् के अधिवेशन में न रहने की स्थिति में

(ख) संसद् के विघटन की स्थिति में

(ग) संसद् का कोरम पूरा न होने की स्थिति में

(घ) संसद् का सत्र समाप्त होने की स्थिति में

326. यदि राज्यपाल द्वारा राज्य का गैर-धन विधेयक राष्ट्रपति की अनुमति के

उत्तर के लिए कृपया पृष्ठ सं. 194 देखें।

लिए आरक्षित किया जाता है तो उस विधेयक पर राष्ट्रपति को क्या अधिकार है?

(क) राष्ट्रपति उस पर अनुमति देने के लिए बाध्य नहीं है

(ख) राष्ट्रपति उसे पुनर्विचार के लिए लौटा सकता है

(ग) राष्ट्रपति उसे रद्‌द कर सकता है

(घ) राष्ट्रपति उस पर अनुमति देने के लिए बाध्य है

327. राष्ट्रपति द्वारा राज्यसभा में कितने व्यक्तियों को मनोनीत किया जाता है?

(क) 12 (ख) 14

(ग) 13 (घ) 15

328. भारत का राष्ट्रपति किसको संबोधित करके अपना त्यागपत्र देता है?

(क) उच्चतम न्यायालय के मुख्य न्यायाधीश को

(ख) लोकसभाध्यक्ष

(ग) उपराष्ट्रपति को

(घ) प्रधानमंत्री को

329. भारत के राष्ट्रपति का पद आकस्मिक रूप से रिक्त हो जाने पर कितनी अवधि के भीतर चुनाव कराना आवश्यक है?

(क) तीन माह (ख) चार माह

(ग) पाँच माह (घ) छह माह

330. भारतीय संविधान के अनुच्छेद-72 (1) (ग) की व्यवस्थाओं के अनुसार मुत्युदंड को कौन क्षमा कर सकता है?

(क) राष्ट्रपति (ख) मुख्य न्यायाधीश

(ग) प्रधानमंत्री (घ) लोकसभा अध्यक्ष

331. भारतीय संविधान के किस अनुच्छेद के अनुसार, राष्ट्रपति संसद् के किसी सदन या राज्य विधानमंडल के किसी सदन का सदस्य नहीं होगा?

(क) अनुच्छेद-56 (ख) अनुच्छेद-57

(ग) अनुच्छेद-58 (घ) अनुच्छेद-59

332. भारत का राष्ट्रपति किसी ऐसे प्रश्न पर, जिसमें विधि और तथ्य के प्रश्न अंतर्ग्रस्त हों, किससे परामर्श प्राप्त कर सकता है?

(क) प्रधानमंत्री से

(ख) सर्वोच्च न्यायालय के मुख्य न्यायाधीश से

उत्तर के लिए कृपया पृष्ठ सं. 194 देखें।

(ग) लोकसभा अध्यक्ष से

(घ) उपराष्ट्रपति से

333. लगातार दो बार राष्ट्रपति पद पर कौन निर्वाचित हुए थे?

(क) डॉ. एस. राधाकृष्णन्

(ख) डॉ. राजेंद्र प्रसाद

(ग) डॉ. शंकर दयाल शर्मा

(घ) डॉ. नीलम संजीव रेड्डी

334. दूसरे चक्र की गणना से राष्ट्रपति पद के लिए कौन निर्वाचित हुए थे?

(क) डॉ. शंकर दयाल शर्मा

(ख) डॉ. नीलम संजीव रेड्डी

(ग) वी.वी. गिरि

(घ) डॉ. एस. राधाकृष्णन

335. राष्ट्रपति के विरुद्ध महाभियोग के लिए लिखित नोटिस कम-से-कम कितने दिन पूर्व प्राप्त होना चाहिए?

(क) 10 दिन पूर्व (ख) 14 दिन पूर्व

(ग) 6 दिन पूर्व (घ) 13 दिन पूर्व

336. राष्ट्रपति पर महाभियोग का आरोप संसद् के किसी सदन द्वारा कब लगाया जा सकता है?

(क) जब उस सदन के कम-से-कम तीन-चौथाई सदस्य ऐसे संकल्प को पारित कर दें

(ख) जब उस सदन के कम-से-कम आधे सदस्य ऐसे संकल्प को पारित कर दें

(ग) जब उस सदन के कम-से-कम दो-तिहाई सदस्य ऐसे संकल्प को पारित कर दें

(घ) जब उस सदन के सभी सदस्य संकल्प को पारित कर दें

337. भारत के राष्ट्रपति पर महाभियोग क्यों लगाया जा सकता है?

(क) प्रेम-प्रसंगों के लिए लगाया जा सकता है

(ख) पक्षपात करने के लिए लगाया जा सकता है

(ग) रिश्वत लेने के लिए लगाया जा सकता है

(घ) संविधान के अतिक्रमण के लिए लगाया जा सकता है

उत्तर के लिए कृपया पृष्ठ सं. 194 देखें।

338. भारत के संविधान के किस अनुच्छेद के अधीन भारत के राष्ट्रपति पर महाभियोग चलाया जा सकता है ?
(क) अनुच्छेद-61
(ख) अनुच्छेद-62
(ग) अनुच्छेद-63
(घ) अनुच्छेद-60

339. राष्ट्रपति द्वारा वैयक्तिक रूप में किए गए किसी अपराध के लिए कैसी काररवाई की जा सकती है ?
(क) विमुक्ति बड़ी सीमित है और उसके विरुद्ध एक महीने का नोटिस देकर काररवाई की जा सकती है
(ख) विमुक्ति बड़ी सीमित है और उसके विरुद्ध दो महीने का नोटिस देकर काररवाई की जा सकती है
(ग) विमुक्ति बड़ी सीमित है और उसके विरुद्ध तीन महीने का नोटिस देकर काररवाई की जा सकती है
(घ) विमुक्ति बड़ी सीमित है और उसके विरुद्ध चार महीने का नोटिस देकर काररवाई की जा सकती है

340. देश के प्रतिरक्षा बलों का सर्वोच्च सेनापति कौन है ?
(क) राष्ट्रपति (ख) प्रधानमंत्री
(ग) उपराष्ट्रपति (घ) मुख्यमंत्री

341. संविधान संशोधन विधेयक पर दोनों सदनों के मतभेद दूर करने के लिए राष्ट्रपति क्या करता है ?
(क) दोनों सदनों की संयुक्त बैठक बुला सकता है
(ख) दोनों सदनों की संयुक्त बैठक नहीं बुला सकता है
(ग) किसी एक सदन को संबोधित कर सकता है
(घ) तीनों सही हैं

342. राष्ट्रपति किसका अभिन्न अंग है ?
(क) संसद् का (ख) लोकसभा का
(ग) न्यायपालिका का (घ) राज्यसभा का

343. राष्ट्रपति किसका विघटन कर सकता है ?
(क) लोकसभा का (ख) न्यायपालिका का

उत्तर के लिए कृपया पृष्ठ सं. 194 देखें।

(ग) राज्यसभा का (घ) सेना का

344. संसद् के किसी सदन को संदेश कौन भेज सकता है?
(क) प्रधानमंत्री (ख) राष्ट्रपति
(ग) मुख्यमंत्री (घ) उपराष्ट्रपति

345. दोनों सदनों की संयुक्त बैठक कौन बुला सकता है?
(क) राष्ट्रपति (ख) प्रधानमंत्री
(ग) उपराष्ट्रपति (घ) लोकसभा अध्यक्ष

346. राष्ट्रपति द्वारा जारी किए गए अध्यादेश का प्रभाव संसद् के पुनः समवेत होने की तारीख से कब तक रहता है?
(क) छह सप्ताह की समाप्ति तक
(ख) सात सप्ताह की समाप्ति तक
(ग) पाँच सप्ताह की समाप्ति तक
(घ) तीसरे सप्ताह की समाप्ति तक

347. राष्ट्रपति द्वारा अनुच्छेद-123 के अंतर्गत जारी किए जानेवाले अध्यादेश से संबंधित कौन सी शर्त नहीं है?
(क) अध्यादेश मूल अधिकारों का अतिक्रमण नहीं कर सकते
(ख) हर अध्यादेश संसद् के दोनों सदनों के समक्ष अनुमोदनार्थ रखा जाएगा
(ग) अध्यादेश तभी जारी किए जा सकते हैं जब संसद् के दोनों सदन सत्र में न हों
(घ) एक सदन का सत्र में होना अध्यादेश जारी करने में बाधक होगा

348. राष्ट्रपति को क्षमादान की शक्ति निम्नलिखित मामले में प्राप्त नहीं है—
(क) उन सभी मामलों में जिनमें दंडादेश मृत्यु दंडादेश है
(ख) यदि दंड या दंडादेश सेना न्यायालय ने दिया हो
(ग) दंड अथवा दंडादेश ऐसे विषय से संबंधित विधि के विरुद्ध अपराध है, जिस विषय पर संघ कार्यपालिका शक्ति का विस्तार है
(घ) दंड अथवा दंडादेश ऐसे विषय से संबंधित विधि के विरुद्ध अपराध है, जिस विषय पर राज्य कार्यपालिका शक्ति का विस्तार है

349. कौन सा वक्तव्य सही नहीं है?
(क) राष्ट्रपति की स्थिति ब्रिटिश सम्राट् के समान है

उत्तर के लिए कृपया पृष्ठ सं. 194 देखें।

(ख) राष्ट्रपति औपचारिक प्रधान है
(ग) राष्ट्रपति संविधान का गौरवपूर्ण अंश है
(घ) राष्ट्रपति एक स्वतंत्र अभिकर्ता है

350. राष्ट्रपति किस प्रधानमंत्री के परामर्श से लोकसभा का विघटन करने के लिए बाध्य है—
(क) जिसे लोकसभा के बहुमत का समर्थन प्राप्त है
(ख) जो लोकसभा में अपना बहुमत खो चुका है
(ग) उसके विरुद्ध अविश्वास का प्रस्ताव पारित हो जाता है
(घ) जब वह अपना बहुमत सिद्ध करने में असमर्थ हो जाता है

351. यदि लोकसभा में किसी भी दल को बहुमत प्राप्त नहीं है तो राष्ट्रपति पहले प्रधानमंत्री बनने का अवसर किसे देगा?
(क) चुनाव के पहले बने संविद या गठबंधन के नेता को
(ख) चुनाव के बाद बने संविद या गठबंधन के नेता को
(ग) सदन में सबसे बड़े दल के नेता को
(घ) इनमें से कोई नहीं

352. संविधान के अनुसार, राष्ट्रपति किसकी सलाह पर मंत्रियों की नियुक्ति करता है?
(क) लोकसभा अध्यक्ष
(ख) प्रधानमंत्री
(ग) उपराष्ट्रपति
(घ) विपक्षी नेता

353. मंत्रीगण राष्ट्रपति के प्रसादपर्यंत अपना पद धारण करेंगे, इसका क्या अर्थ है?
(क) राष्ट्रपति मंत्रियों को पद से हटा सकता है
(ख) प्रधानमंत्री मंत्रियों को पद से हटा सकता है
(ग) प्रधानमंत्री राष्ट्रपति की सलाह से मंत्रियों को पद से हटा सकता है
(घ) राष्ट्रपति प्रधानमंत्री की सलाह से मंत्रियों का पदच्युत कर सकता है

354. राष्ट्रपति के संदर्भ में निम्नलिखित में से कौन सा वक्तव्य सही नहीं है?
(क) संसद् के दोनों सदनों को संबोधित कर सकता है
(ख) संसद् के हर सदन को बुला सकता है

उत्तर के लिए कृपया पृष्ठ सं. 194 व 195 देखें।

(ग) संसद् के किसी भी सदन को स्थगित कर सकता है

(घ) भारत का राष्ट्रपति संसद् के दोनों सदनों को भंग कर सकता है

355. भारत का राष्ट्रपति अपनी निषेधाधिकार शक्ति का प्रयोग किसके लिए कर सकता है?

(क) केवल वित्त विधेयकों के लिए

(ख) केवल निजी सदस्यों के विधेयकों के लिए

(ग) केवल साधारण विधेयकों के लिए

(घ) संसद् द्वारा पारित विधेयकों के लिए

356. आपातकाल की घोषणा से संबंधित संवैधानिक संशोधन (1978) भारत के राष्ट्रपति से निम्नलिखित के अनुसार कार्य करने की अपेक्षा करता है—

(क) केंद्रीय मंत्रिमंडल की सलाह

(ख) संपूर्ण मंत्रिपरिषद् की सामूहिक सलाह

(ग) भारत के महान्यायवादी की सलाह

(घ) उच्चतम न्यायालय की सलाह

357. निम्नलिखित में से कौन सा एक भारत के राष्ट्रपति का संवैधानिक विशेषाधिकार नहीं है?

(क) वित्त विधेयक को पुनर्विचार के लिए वापस करना

(ख) विधायी विधेयक को पुनर्विचार के लिए वापस करना

(ग) राज्यसभा का आह्वान करना

(घ) लोकसभा का विघटन करना

358. भारत के राष्ट्रपति द्वारा सन् 1952 से 2012 तक सर्वाधिक अध्यादेश किस वर्ष जारी किए गए?

(क) 1993 में (ख) 1995 में

(ग) 1994 में (घ) 1996 में

359. भारत के राष्ट्रपति द्वारा सन् 1952 से 2003 की कालावधि में निम्नलिखित वर्ष में कोई भी अध्यादेश जारी नहीं किया गया—

(क) 1966 (ख) 1965

(ग) 1964 (घ) 1963

360. भारत का पहला राष्ट्रपति कौन था?

(क) डॉ. एस. राधाकृष्णन्

उत्तर के लिए कृपया पृष्ठ सं. 195 देखें।

(ख) डॉ. राजेंद्र प्रसाद
(ग) डॉ. जाकिर हुसैन
(घ) वी.वी. गिरि

361. भारत में अब तक कितनी बार कार्यवाहक राष्ट्रपति के रूप में उपराष्ट्रपतियों ने कार्य किया है?
(क) एक बार (ख) दो बार
(ग) तीन बार (घ) चार बार

362. वी.वी. गिरि ने किस कालावधि में कार्यवाहक राष्ट्रपति के रूप में कार्य किया था?
(क) 03-05-69 से 20-10-69
(ख) 03-05-69 से 20-09-69
(ग) 03-05-69 से 20-08-69
(घ) 03-05-69 से 20-07-69

363. न्यायमूर्ति मुहम्मद हिदायतुल्लाह किस कालावधि में कार्यवाहक राष्ट्रपति रहे?
(क) 20-7-67 से 24-8-66
(ख) 20-7-70 से 24-8-67
(ग) 20-7-68 से 24-8-68
(घ) 20-7-67 से 24-8-69

364. डॉ. ए.पी.जे. अब्दुल कलाम भारत के कौन से राष्ट्रपति थे?
(क) बारहवें (ख) ग्यारहवें
(ग) चौदहवें (घ) तेरहवें

□

उत्तर के लिए कृपया पृष्ठ सं. 195 देखें।

11

उपराष्ट्रपति

365. भारत के उपराष्ट्रपति का निर्वाचन किस अनुच्छेद के अंतर्गत तथा किसके द्वारा किया जाता है ?
   (क) संविधान के अनुच्छेद 64 के अंतर्गत संसद् के दोनों सदनों के निर्वाचित सदस्यों द्वारा
   (ख) संविधान के अनुच्छेद 65 के अंतर्गत संसद् के दोनों सदनों के निर्वाचित सदस्यों द्वारा
   (ग) संविधान के अनुच्छेद 66 के अंतर्गत संसद् के दोनों सदनों के निर्वाचित सदस्यों द्वारा
   (घ) संविधान के अनुच्छेद 68 के अंतर्गत संसद् के दोनों सदनों के निर्वाचित सदस्यों द्वारा
366. भारत के उपराष्ट्रपति को उसके पद से हटाने की क्या प्रक्रिया है ?
   (क) राज्यसभा के तत्कालीन समस्त सदस्यों के बहुमत से पारित ऐसे संकल्प द्वारा जिससे लोकसभा सहमत न हो
   (ख) राज्यसभा के तत्कालीन समस्त सदस्यों के बहुमत से पारित ऐसे संकल्प द्वारा जिससे लोकसभा सहमत हो
   (ग) लोकसभा के तत्कालीन समस्त सदस्यों के बहुमत से पारित ऐसे संकल्प द्वारा जिससे राज्यसभा सहमत हो
   (घ) लोकसभा के तत्कालीन समस्त सदस्यों के बहुमत से पारित ऐसे संकल्प द्वारा जिससे राज्यसभा सहमत न हो

उत्तर के लिए कृपया पृष्ठ सं. 195 देखें।

367. राष्ट्रपति अपना त्यागपत्र उपराष्ट्रपति को देते हैं। उपराष्ट्रपति इस त्यागपत्र की सूचना किसको देते हैं?
(क) मुख्य न्यायाधीश को (ख) प्रधानमंत्री को
(ग) लोकसभा अध्यक्ष को (घ) महान्यायवादी को

368. राष्ट्रपति और उपराष्ट्रपति दोनों की ही अनुपस्थिति में भारत के राष्ट्रपति के कार्यों का निष्पादन कौन करता है?
(क) प्रधानमंत्री
(ख) सर्वोच्च न्यायालय के मुख्य न्यायाधीश
(ग) लोकसभा अध्यक्ष
(घ) महान्यायवादी

369. उपराष्ट्रपति अपना वेतन किस हैसियत से प्राप्त करता है?
(क) उपराष्ट्रपति के रूप में
(ख) राज्यसभा के सभापति के रूप में
(ग) राष्ट्रपति के रूप में
(घ) इनमें से किसी रूप में नहीं

370. सामान्यतः उपराष्ट्रपति का कार्यकाल कितने वर्ष का होता है?
(क) पाँच वर्ष (ख) चार वर्ष
(ग) तीन वर्ष (घ) दो वर्ष

371. किस अनुच्छेद के अनुसार राष्ट्रपति के रूप में आकस्मिक दायित्व को निभाते समय उपराष्ट्रपति राज्यसभा के सभापति के रूप में कार्य नहीं करेगा?
(क) अनुच्छेद-66 (ख) अनुच्छेद-65
(ग) अनुच्छेद-64 (घ) अनुच्छेद-63

372. लगातार दो बार उपराष्ट्रपति पद पर कौन रहे?
(क) डॉ. सर्वपल्ली राधाकृष्णन् (ख) वी.वी. गिरि
(ग) डॉ. शंकर दयाल शर्मा (घ) डॉ. ज़ाकिर हुसैन

373. स्वतंत्र भारत का प्रथम उपराष्ट्रपति कौन था?
(क) जाकिर हुसैन (ख) डॉ. शंकर दयाल शर्मा
(ग) डॉ. सर्वपल्ली राधाकृष्णन् (घ) वी.वी. गिरि

374. यदि भारत का उपराष्ट्रपति राष्ट्रपति के पद की आकस्मिक रिक्त के कारण

उत्तर के लिए कृपया पृष्ठ सं. 195 देखें।

राष्ट्रपति के रूप में कार्य करता है तो उसे किस पद का वेतन देय होगा?

(क) राष्ट्रपति पद का (ख) उपराष्ट्रपति पद का

(ग) लोकसभा अध्यक्ष पद का (घ) किसी पद का नहीं

375. उपराष्ट्रपति पद के लिए अभ्यर्थी का नाम कितने मतदाताओं द्वारा अनुमोदित होना चाहिए?

(क) निर्वाचक मंडल के 10 मतदाताओं द्वारा प्रस्तावित और 10 मतदाताओं द्वारा समर्थित होना चाहिए

(ख) निर्वाचक मंडल के 20 मतदाताओं द्वारा प्रस्तावित और 20 मतदाताओं द्वारा समर्थित होना चाहिए

(ग) निर्वाचक मंडल के 40 मतदाताओं द्वारा प्रस्तावित और 40 मतदाताओं द्वारा समर्थित होना चाहिए

(घ) निर्वाचक मंडल के 60 मतदाताओं द्वारा प्रस्तावित और 60 मतदाताओं द्वारा समर्थित होना चाहिए

376. उपराष्ट्रपति के निर्वाचन में कौन भाग लेते हैं?

(क) केवल केंद्रीय मंत्रिमंडल के सदस्य ही भाग लेते हैं

(ख) केवल विधान परिषदों के सदस्य ही भाग लेते हैं

(ग) केवल विधानसभाओं के सदस्य ही भाग लेते हैं

(घ) केवल संसद् के सदस्य ही भाग लेते हैं

377. निम्नलिखित में से कौन सा वक्तव्य सही नहीं है?

(क) उपराष्ट्रपति अपने पद-ग्रहण की तारीख से पाँच वर्ष की अवधि तक पद पर रह सकता है

(ख) उपराष्ट्रपति राष्ट्रपति को संबोधित अपने हस्ताक्षर सहित लेख द्वारा अपना पद-त्याग कर सकेगा

(ग) उपराष्ट्रपति केवल संविधान के अतिक्रमण के लिए ही हटाया जा सकता है

(घ) अवधि समाप्त हो जाने पर भी उपराष्ट्रपति अपने पद पर रह सकता है, जब तक उसका उत्तराधिकारी अपना पद ग्रहण नहीं कर लेता

378. उपराष्ट्रपति का राज्यसभा से क्या संबंध होता है

(क) पदेन उपसभापति होता है

(ख) पदेन सभापति होता है

उत्तर के लिए कृपया पृष्ठ सं. 195 देखें।

(ग) पदेन सदस्य होता है

(घ) पदेन सचिव होता है

379. उपराष्ट्रपति के निर्वाचन की विद्यमान पद्धति की सबसे बड़ी त्रुटि क्या है ?

(क) ऐसा व्यक्ति भी इस पद पर चुना जा सकता है, जिसे लोकसभा का समर्थन प्राप्त न हो

(ख) ऐसा व्यक्ति भी इस पद पर चुना जा सकता है, जिसे प्रधानमंत्री का समर्थन प्राप्त न हो

(ग) ऐसा व्यक्ति भी इस पद पर चुना जा सकता है, जिसे जनता का समर्थन प्राप्त न हो

(घ) ऐसा व्यक्ति भी इस पद पर चुना जा सकता है, जिसे राज्यसभा का समर्थन प्राप्त न हो

380. भारत के उपराष्ट्रपति पद के लिए चुने जाने वाले प्रत्याशी को क्या होना चाहिए ?

(क) राज्यसभा का सदस्य होना चाहिए

(ख) भारत सरकार के अधीन किसी लाभ के पद पर नहीं होना चाहिए

(ग) लोकसभा का सदस्य होना चाहिए

(घ) तीस वर्ष की उम्र पूरी कर चुका हो

381. उपराष्ट्रपति का निर्वाचन विश्व में किस सम्राट् या महारानी की तर्ज पर किया जाता है ?

(क) नेपाल के राजा के समान

(ख) रूस के जार के समान

(ग) मुगलकालीन सम्राट के समान

(घ) ब्रिटिश महारानी के समान

382. भारत के उपराष्ट्रपति का पद किस देश के उपराष्ट्रपति के पद से मिलता-जुलता है ?

(क) इंग्लैंड (ख) ऑस्ट्रेलिया

(ग) संयुक्त राज्य अमेरिका (घ) जापान

383. भारत के किस उपराष्ट्रपति का देहांत उनके कार्यकाल के दौरान हुआ था ?

(क) जाकिर हुसैन (ख) वी.वी. गिरि

(ग) डॉ. एस. राधाकृष्णन (घ) कृष्णकांत

उत्तर के लिए कृपया पृष्ठ सं. 195 देखें।

384. संविधान में उपराष्ट्रपति को क्या कार्य सौंपा गया है ?

(क) राज्यसभा का सभापतित्व

(ख) कल्याणकारी योजनाएँ बनाना

(ग) सेना का संचालन

(घ) संसद् के कार्यों की निगरानी

385. भारत के पाँचवें उपराष्ट्रपति कौन थे ?

(क) डॉ.के.आर. नारायणन (ख) वी.वी. गिरि

(ग) डॉ. जाकिर हुसैन (घ) बी.डी. जत्ती

386. भारत के नौवें उपराष्ट्रपति कौन थे ?

(क) जाकिर हुसैन (ख) भैरोंसिंह शेखावत

(ग) डॉ. के.आर. नारायणन (घ) कृष्णकांत

387. भैरोंसिंह शेखावत भारत के कौन से उपराष्ट्रपति थे ?

(क) नौवें (ख) दसवें

(ग) ग्यारहवें (घ) तेरहवें

☐

उत्तर के लिए कृपया पृष्ठ सं. 195 देखें।

12

संसद्

388. जिसे आज संसद् भवन कहते हैं, उसका उद्घाटन 18 जनवरी, 1927 को किसने किया?
   (क) गवर्नर जनरल सी. राजगोपालाचारी ने
   (ख) गवर्नर जनरल लॉर्ड इर्विन ने
   (ग) गवर्नर जनरल लॉर्ड माउंटबेटन ने
   (घ) गवर्नर जनरल लॉर्ड क्रिप्स ने

389. छह एकड़ क्षेत्र में बने संसद् भवन में कितने द्वार हैं?
   (क) 12 द्वार
   (ख) 13 द्वार
   (ग) 14 द्वार
   (घ) 15 द्वार

390. संसद् भवन के केंद्रीय कक्ष की क्या विशेषताएँ हैं?
   (क) गोलाकार आकृति का है और इसके गुंबद का व्यास 50 मीटर तथा ऊँचाई 75 मीटर है
   (ख) चौकोर है और इसके गुंबद का व्यास 32 मीटर तथा इसकी ऊँचाई 95 मीटर है
   (ग) गोलाकार आकृति का है और इसके गुंबद का व्यास 29.9 मीटर तथा इसकी ऊँचाई 36 मीटर है
   (घ) गोलाकार आकृति का है और इसके गुंबद का व्यास 26 मीटर तथा इसकी ऊँचाई 60 मीटर है

391. संसद् भवन के निर्माण में कुल कितनी लागत आई?

उत्तर के लिए कृपया पृष्ठ सं. 195 देखें।

(क) लगभग 85 लाख रुपए (ख) लगभग 84 लाख रुपए
(ग) लगभग 83 लाख रुपए (घ) लगभग 82 लाख रुपए

392. प्रथम आम चुनाव के बाद संसद् का गठन पहली बार कब हुआ?
(क) मई 1952 (ख) मई 1953
(ग) मई 1954 (घ) मई 1955

393. भारत के संविधान के अनुसार, अवशिष्ट शक्तियाँ किसे सौंपी गई हैं?
(क) संघीय संसद् को (ख) लोकसभा को
(ग) राज्यसभा को (घ) न्यायपालिका को

394. संसद् का गठन किन संरचनाओं से मिलकर होता है?
(क) भारत के राष्ट्रपति, लोकसभा तथा राज्यसभा से मिलकर
(ख) भारत के प्रधानमंत्री, लोकसभा तथा राज्यसभा से मिलकर
(ग) भारत के उपराष्ट्रपति, लोकसभा तथा राज्यसभा से मिलकर
(घ) भारत के गृहमंत्री, लोकसभा तथा राज्यसभा से मिलकर

395. संसद् का कौन सा सदन स्थायी है, जिसका विघटन नहीं होता?
(क) न्यायपालिका (ख) लोकसभा
(ग) मंत्रिपरिषद् (घ) राज्यसभा

396. संसद् के सदस्यों तथा मंत्रिपरिषद् के सदस्यों के अतिरिक्त वह कौन सा पद है जिसके अधिकारी संसद् के किसी भी सदन की बैठक एवं काररवाई में भाग ले सकते हैं?
(क) निर्वाचन आयुक्त
(ख) पुलिस आयुक्त
(ग) भारत का महान्यायवादी
(घ) आयकर आयुक्त

397. संसद् के संयुक्त अधिवेशन की अध्यक्षता कौन करता है?
(क) उपराष्ट्रपति (ख) लोकसभा अध्यक्ष
(ग) राष्ट्रपति (घ) प्रधानमंत्री

398. किस अनुच्छेद के अनुसार अवशिष्ट शक्तियाँ संसद् को प्रदान की गई हैं?
(क) अनुच्छेद-246
(ख) अनुच्छेद-247
(ग) अनुच्छेद-248

उत्तर के लिए कृपया पृष्ठ सं. 195 व 196 देखें।

(घ) अनुच्छेद-249

399. किस स्थिति में संसद् राज्य सूची के विषयों पर कानून बना सकती है?
(क) जब राज्यसभा दो-तिहाई बहुमत से इस आशय का प्रस्ताव पारित कर दे कि यह विषय राज्य के महत्त्व का हो गया है
(ख) जब राज्यसभा दो-तिहाई बहुमत से इस आशय का प्रस्ताव पारित कर घोषित कर दे कि यह विषय जनहित का हो गया है
(ग) जब सभा दो-तिहाई बहुमत से इस आशय का प्रस्ताव पारित कर घोषित कर दे कि यह विषय बेकार है
(घ) जब राज्यसभा दो-तिहाई बहुमत से इस आशय का प्रस्ताव पारित कर घोषित कर दे कि यह विषय राष्ट्रीय महत्त्व का हो गया है

400. भारतीय संसद् के दोनों सदनों की संयुक्त बैठक किस संबंध में होती है?
(क) साधारण विधेयक
(ख) राष्ट्रपति पर महाभियोग
(ग) वित्त विधेयक
(घ) उपराष्ट्रपति पर महाभियोग

401. भारतीय संविधान का कौन सा अनुच्छेद राज्य सूची के कुछ विषयों के संबंध में संसद् को विधि बनाने की शक्ति देता है?
(ख) अनुच्छेद-367 (क) अनुच्छेद-366
(ग) अनुच्छेद-368 (घ) अनुच्छेद-369

402. संसद् का कोई सदस्य अध्यक्ष की पूर्व अनुमति के बिना कितने दिनों तक सदन से अनुपस्थित रहे तो उसका स्थान रिक्त घोषित कर दिया जाता है?
(क) 59 दिन तक (ख) 60 दिन तक
(ग) 61 दिन तक (घ) 62 दिन तक

403. भारत के राष्ट्रपति पर महाभियोग संबंधी प्रक्रिया संसद् के किस सदन में चलाई जा सकती है?
(क) राज्यसभा में
(ख) लोकसभा में
(ग) राज्यों की विधानसभाओं में
(घ) संसद् के किसी भी सदन में

404. संसद् के दोनों सदनों की संयुक्त बैठकें कहाँ आयोजित की जाती हैं?

उत्तर के लिए कृपया पृष्ठ सं. 196 देखें।

(क) केंद्रीय कक्ष में (ख) लोकसभा में
(ग) राज्यसभा में (घ) राष्ट्रपति भवन में

405. भारत में संसदीय प्रणाली क्यों लागू की गई थी?
(क) इस प्रणाली में कार्यपालिका स्थिर होती है
(ख) भारतीय इस प्रणाली के अभ्यस्त हो चुके थे
(ग) यह प्रणाली भारतीय परिस्थितियों के अनुरूप थी
(घ) यह प्रणाली भारत की प्राचीन परंपरा पर आधारित है

406. भारत की संसदीय प्रणाली ब्रिटिश प्रणाली से किस रूप में भिन्न है?
(क) भारत में उच्च सदन है, किंतु उसका गठन वंशानुगत नहीं होता
(ख) भारत में संवैधानिक कार्यपालिका है, पर उसका पद वंशानुगत नहीं है
(ग) भारत में संसद् है, किंतु संसद् सर्वोच्च नहीं है
(घ) उपर्युक्त तीनों दृष्टियों से

407. भारत और ब्रिटेन की संसदीय व्यवस्था में मुख्य अंतर क्या है?
(क) भारत में संघात्मक शासन है और ब्रिटेन में एकात्मक शासन
(ख) भारत में संविधान सर्वोच्च है और ब्रिटेन में संसद
(ग) भारत का संविधान लिखित है और ब्रिटेन का परंपरा पर आधारित
(घ) उपर्युक्त तीनों दृष्टियों से

408. भारत और ब्रिटेन की शासन-प्रणाली में मुख्य अंतर क्या है?
(क) गणतंत्र और राजतंत्र
(ख) संघात्मक और एकात्मक
(ग) राज्यसभा और लोकसभा
(घ) राष्ट्रपति और सम्राट्

409. भारतीय संविधान ने भारत में किस प्रकार की सरकार की स्थापना की है?
(क) संघात्मक सरकार की
(ख) राजतंत्रात्मक सरकार की
(ग) संसदीय सरकार की
(घ) एकात्मक सरकार की

410. संसदीय सरकार में वास्तविक शक्ति किसमें निहित होती है?
(क) राष्ट्रपति में

उत्तर के लिए कृपया पृष्ठ सं. 196 देखें।

(ख) मंत्रिपरिषद् एवं प्रधानमंत्री में
(ग) न्यायपालिका में
(घ) संसद् में

411. भारत की अंतरिम संसद् का कार्यकाल कितना रहा?
(क) 2 वर्ष, 2 माह, 10 दिन
(ख) 2 वर्ष, 2 माह, 22 दिन
(ग) 2 वर्ष, 3 माह, 22 दिन
(घ) 2 वर्ष, 3 माह, 25 दिन

412. संसद् के किसी भी सदन की सदस्यता की अयोग्यता के प्रश्नों का निर्णय कौन करता है?
(क) प्रधानमंत्री
(ख) न्यायपालिका की सलाह से राष्ट्रपति
(ग) प्रधानमंत्री की सलाह से राष्ट्रपति
(घ) निर्वाचन आयोग की सलाह से राष्ट्रपति

413. कौन सा कथन त्रिशंकु (हंग) संसद् को सही रूप में व्यक्त करता है?
(क) ऐसी संसद् जिसमें एक दल को स्पष्ट बहुमत प्राप्त होता
(ख) ऐसी संसद् जिसमें किसी दल का स्पष्ट बहुमत नहीं होता
(ग) कार्य करने के लिए कोरम का अभाव
(घ) प्रधानमंत्री के पद-त्याग के बाद भी संसद् भंग नहीं होती

414. भारतीय संसद् के इतिहास में पहली बार दोनों सदनों की संयुक्त बैठक किस विधेयक पर गतिरोध दूर करने के लिए हुई थी?
(क) सड़क यातायात नियम विधेयक
(ख) राजाओं के विशेषाधिकार एवं प्रिवीपर्स समाप्त करने वाले विधेयक
(ग) महिला आरक्षण संबंधी विधेयक
(घ) दहेज-निषेध विधेयक

415. संसद् के विश्रांति काल में राष्ट्रपति को किस अनुच्छेद के अंतर्गत अध्यादेश जारी करने की शक्ति प्रदान की गई है?
(क) अनुच्छेद-125 (ख) अनुच्छेद-124
(ग) अनुच्छेद-123 (घ) अनुच्छेद-122

416. संसद् के संदर्भ में शून्यकाल से क्या अभिप्राय है?

उत्तर के लिए कृपया पृष्ठ सं. 196 देखें।

(क) संसद् में प्रश्नकाल के चार घंटे बाद का समय
(ख) संसद् में प्रश्नकाल के ठीक पहले का समय
(ग) संसद् में प्रश्नकाल के ठीक बाद का समय
(घ) संसद् में प्रश्नकाल के दो घंटे पहले का समय

417. शून्यकाल कब प्रारंभ होता है?
(क) 9 बजे (ख) 10 बजे
(ग) 11 बजे (घ) 12 बजे

418. लोकसभा या राज्यसभा में सरकारी दल का मुख्य सचेतक कौन होता है?
(क) संसद् का सचिव (ख) संसदीय कार्यमंत्री
(ग) लोकसभा का उपाध्यक्ष (घ) लोकसभा अध्यक्ष

419. किन प्रश्नों का सदन में उत्तर मौखिक रूप से दिया जाता है?
(क) अतारांकित प्रश्नों का (ख) साधारण प्रश्नों का
(ग) तारांकित प्रश्नों का (घ) असाधारण प्रश्नों का

420. किन प्रश्नों का सदन में उत्तर लिखित रूप से दिया जाता है?
(क) अतारांकित प्रश्नों का (ख) तारांकित प्रश्नों का
(ग) असाधारण प्रश्नों का (घ) साधारण प्रश्नों का

421. संसद् के संदर्भ में अल्पसूचना प्रश्न से क्या तात्पर्य है?
(क) असाधारण प्रश्न के लिए निर्धारित दस दिन की अवधि
(ख) साधारण प्रश्न के लिए निर्धारित दस दिन की अवधि
(ग) तारांकित प्रश्न के लिए निर्धारित दस दिन की अवधि
(घ) अतारांकित प्रश्न के लिए निर्धारित दस दिन की अवधि

422. संसद् भवन का डिजाइन किसने तैयार किया था?
(क) सर हरबर्ट बेकर (ख) सर एडविन लुटियंस
(ग) मॉरिस जोंस (घ) नारामन डी. पामर

423. संसद् के किसी सदन में आधे घंटे की चर्चा कराने के लिए उसकी लिखित पूर्व सूचना किसको दी जाती है?
(क) लोकसभा अध्यक्ष
(ख) राज्यसभा का उपसभापति
(ग) उस सभा के पीठासीन अधिकारी को
(घ) संसदीय सचिव

उत्तर के लिए कृपया पृष्ठ सं. 196 देखें।

424. संसद् में बहस के दौरान गिलोटीन किन माँगों पर प्रयोग किया जाता है ?
(क) जिन पर लंबे समय तक चर्चा होती है
(ख) जिन पर अल्पकालीन चर्चा होती है
(ग) समयाभाव के कारण जिन पर चर्चा नहीं हो पाती
(घ) जिन पर चर्चा तो होती है, पर निष्कर्ष कुछ नहीं निकल पाता

425. भारत के लिए अध्यक्षात्मक व्यवस्था का प्रतिमान किसने सुझाया था ?
(क) वसंत साठे (ख) के.एस. हेगड़े
(ग) एन.ए. पालकीवाला (घ) उपर्युक्त तीनों

426. भारत के लिए अध्यक्षात्मक व्यवस्था का विकल्प क्यों उपयुक्त है ?
(क) विशेषज्ञों को मंत्री नियुक्त किया जाता है
(ख) कार्यपालिका का कार्यकाल निश्चित होता है
(ग) दल-बदल या दल-विभाजन की संभावना नहीं रहती
(घ) मंत्रियों के लिए सस्ती लोकप्रियता प्राप्त करने के साधन अपनाने की आवश्यकता नहीं रहती

427. अध्यक्षात्मक व्यवस्था का सबसे बड़ा दोष क्या है ?
(क) राष्ट्रपति निरंकुश बन सकता है
(ख) मंत्री पेशेवर राजनीतिज्ञ नहीं होते
(ग) राष्ट्रपति संसद् की उपेक्षा कर सकता है
(घ) राष्ट्रपति सर्वोच्च न्यायालय के निर्णय मानने के लिए बाध्य है

428. राष्ट्रपति शासन-प्रणाली में किस प्रकार की संभावनाएँ रहती हैं ?
(क) सदाचारी और नीतिपरक शासन की
(ख) निरंकुश और स्वेच्छाचारी शासन की
(ग) भ्रष्टाचारी और बेईमान शासन की
(घ) अनुशासित और समयबद्ध शासन की

429. संसद् में राष्ट्रपति के अभिभाषण पर धन्यवाद प्रस्ताव कैसा होता है ?
(क) बेकार की औपचारिकता
(ख) अपूर्ण प्रस्ताव होता है
(ग) लोकप्रिय प्रस्ताव होता है
(घ) यथेष्ट प्रस्ताव होता है

430. केशवानंद भारती विवाद में सर्वोच्च न्यायालय द्वारा दिया गया निर्णय

उत्तर के लिए कृपया पृष्ठ सं. 196 देखें।

किससे संबंधित था?

(क) संसद् संविधान के मूल ढाँचे को बदल सकती है

(ख) संसद् संविधान की प्रस्तावना को संशोधित कर सकती है

(ग) संसद् संविधान के मूल ढाँचे को संशोधित नहीं कर सकती

(घ) संसद् संविधान के मूल ढाँचे को संशोधित कर सकती है

431. निम्नलिखित में से क्या संसद् में प्रस्तुत किए जानेवाले प्रस्ताव की श्रेणी में नहीं आता?

(क) विकल्प (ख) संकल्प

(ग) प्रस्ताव (घ) धन्यवाद

432. शून्यकाल के बारे में कौन सा कथन सही नहीं है?

(क) शून्यकाल संसद् की गरिमा का प्रतीक है

(ख) शून्यकाल समय का अपव्यय

(ग) नियमों में शून्यकाल का स्पष्ट उल्लेख नहीं है

(घ) नियमों में शून्यकाल का स्पष्ट उल्लेख है

433. किसके माध्यम से मूँदड़ा कांड प्रकाश में आया?

(क) प्रश्न (ख) सी.बी.आई.

(ग) प्रस्ताव (घ) पुलिस

□

उत्तर के लिए कृपया पृष्ठ सं. 196 देखें।

13

लोकसभा

434. संविधान के किस अनुच्छेद के अंतर्गत लोकसभा की संरचना संबंधी प्रावधान है?

(क) अनुच्छेद-80 (ख) अनुच्छेद-81

(ग) अनुच्छेद-82 (घ) अनुच्छेद-83

435. किन अनुच्छेद के अंतर्गत लोकसभा में आंग्ल-भारतीय समुदाय के प्रतिनिधित्व हेतु प्रावधान किया गया है?

(क) अनुच्छेद-330 (ख) अनुच्छेद-331

(ग) अनुच्छेद-332 (घ) अनुच्छेद-333

436. लोकसभा की बैठक के लिए कोरम अथवा गणपूर्ति कितनी है?

(क) कुल सदस्य संख्या का पाँचवाँ भाग

(ख) कुल सदस्य संख्या का सातवाँ भाग

(ग) कुल सदस्य संख्या का आठवाँ भाग

(घ) कुल सदस्य संख्या का दसवाँ भाग

437. लोकसभा के संदर्भ में लेखानुदान से क्या अभिप्राय है?

(क) किसी वित्त वर्ष के एक महीने के लिए पेशगी अनुदान

(ख) किसी वित्त वर्ष के छह महीनों के लिए पेशगी अनुदान

(ग) किसी संपूर्ण वित्त वर्ष के लिए पेशगी अनुदान

(घ) किसी वित्त वर्ष के एक भाग के लिए पेशगी अनुदान

438. लोकसभा अध्यक्ष द्वारा अनुमति दिए जाने से पूर्व लोकसभा के कितने

उत्तर के लिए कृपया पृष्ठ सं. 196 देखें।

सदस्यों को सरकार के प्रति अविश्वास प्रस्ताव पर हस्ताक्षर करना जरूरी है ?

(क) 53 (ख) 52
(ग) 51 (घ) 50

439. लोकसभा अपने गठन के पश्चात् अपने सदस्यों के मध्य से सदन के उचित संचालन हेतु एक अध्यक्ष का चुनाव करेगी। संविधान के किस अनुच्छेद में इसका उल्लेख किया गया है ?

(क) अनुच्छेद-93 (ख) अनुच्छेद-92
(ग) अनुच्छेद-91 (घ) अनुच्छेद-90

440. लोकसभा को उसके कार्यकाल की समाप्ति के पूर्व ही कौन भंग कर सकता है ?

(क) मुख्यमंत्री (ख) प्रधानमंत्री
(ग) राष्ट्रपति (घ) उपप्रधानमंत्री

441. भारतीय संविधान के अंतर्गत लोकसभा का अध्यक्ष पद किस देश से लिया गया ?

(क) फ्रांस (ख) ब्रिटेन
(ग) अमेरिका (घ) जर्मनी

442. क्या लोकसभा अध्यक्ष अपने पद की शपथ लेता है ?

(क) नहीं, वह सिर्फ संसद् सदस्य के रूप में शपथ लेता है
(ख) नहीं, वह सिर्फ राज्यसभा सदस्य के रूप में शपथ लेता है
(ग) हाँ, वह लोकसभा अध्यक्ष के रूप में शपथ लेता है
(घ) हाँ, वह उपलोकसभा अध्यक्ष के रूप में शपथ लेता है

443. निम्नलिखित में से उस व्यक्ति का नाम बताइए जिसने लोकसभा का विश्वास मत प्राप्त किए बिना ही प्रधानमंत्री पद पर कार्य किया ?

(क) चरणसिंह
(ख) अटल बिहारी वाजपेयी
(ग) विश्वनाथ प्रताप सिंह
(घ) चंद्रशेखर

444. 14वीं लोकसभा का गठन कब हुआ ?

(क) अप्रैल 2004 (ख) मई 2004

उत्तर के लिए कृपया पृष्ठ सं. 196 देखें।

(ग) जून 2004 (घ) जुलाई 2004

445. 14वीं लोकसभा की प्रथम बैठक कब हुई?

(क) 2 जून, 2004 (ख) 6 जून, 2004

(ग) 7 जून, 2004 (घ) 8 जून, 2004

446. लोकसभा के इतिहास में पहली बार अविश्वास प्रस्ताव विचार के लिए कब स्वीकार किया गया?

(क) पहली लोकसभा में (ख) दूसरी लोकसभा में

(ग) तीसरी लोकसभा में (घ) पाँचवीं लोकसभा में

447. 1 अक्तूबर, 2006 तक कितने विश्वास प्रस्ताव लोकसभा में लाए जा चुके हैं?

(क) 2 (ख) 3

(ग) 9 (घ) 10

448. राष्ट्रपति द्वारा लोकसभा के लिए किस समुदाय से दो सदस्य मनोनीत किए जाते हैं?

(क) सिक्ख समुदाय (ख) एंग्लो-इंडियन समुदाय

(ग) बौद्ध समुदाय (घ) मुसलिम समुदाय

449. लोकसभा में अधिकतम सदस्य संख्या कितनी निर्धारित की गई है?

(क) 554 (ख) 552

(ग) 550 (घ) 551

450. 12वीं लोकसभा में विपक्ष का नेता कौन था?

(क) शरद पवार (ख) लालकृष्ण आडवाणी

(ग) अटल बिहारी वाजपेयी (घ) इंदिरा गांधी

451. किस राज्य से लोकसभा में अधिकतम सदस्य निर्वाचित होते हैं?

(क) हरियाणा (ख) उत्तर प्रदेश

(ग) बिहार (घ) मध्य प्रदेश

452. लोकसभा के सदस्यों की निर्योग्यता से संबंधित प्रश्नों पर निर्णय कौन करता है?

(क) लोकसभा अध्यक्ष (ख) प्रधानमंत्री

(ग) राष्ट्रपति (घ) गृहमंत्री

453. लोकसभा में इनमें से किसके लिए स्थान आरक्षित नहीं है?

उत्तर के लिए कृपया पृष्ठ सं. 196 व 197 देखें।

(क) असम के स्वशासी जिलों की जनजातियाँ
(ख) असम के स्वशासी जिलों की पिछड़ी जातियाँ
(ग) असम के स्वशासी जिलों की अनुसूचित जनजातियाँ
(घ) निर्दलीय सदस्यों के लिए

454. लोकसभा की सामान्य अवधि किस तरह बढ़ाई जा सकती है?
(क) राष्ट्रपति के आदेश से
(ख) संसद् द्वारा पारित अधिनियम से
(ग) लोकसभा अध्यक्ष के आदेश से
(घ) प्रधानमंत्री के आदेश से

455. लोकसभा के संदर्भ में तारांकित प्रश्न किसे कहते हैं?
(क) संसद् में प्रश्नकाल के दौरान पूछे जानेवाले ऐसे प्रश्न जिनका उत्तर लिखकर दिया जाए
(ख) संसद् में प्रश्नकाल के दौरान पूछे जानेवाले वैसे प्रश्न जिनका उत्तर मौखिक दिया जाए
(ग) संसद् में पूछे जानेवाले ऐसे प्रश्न जिनका उत्तर न दिया जाए
(घ) संसद् में प्रश्नकाल के दौरान पूछे जानेवाले ऐसे प्रश्न जिनका उत्तर प्रधानमंत्री को देना पड़ता है

456. लोकसभा के संदर्भ में तारांकित प्रश्न द्वारा सदस्य क्या चाहता है?
(क) सदन में मौखिक उत्तर चाहता है
(ख) सदन में लिखित उत्तर चाहता है
(ग) सदन में लंबी चर्चा हो
(घ) सदन में कोई चर्चा न हो

457. एक विशेष दिन पर लोकसभा में अधिकतम कितने तारांकित प्रश्न पूछे जा सकते हैं?
(क) 20 प्रश्न (ख) 23 प्रश्न
(ग) 24 प्रश्न (घ) 25 प्रश्न

458. लोकसभा के संदर्भ में अतारांकित प्रश्न की स्थिति में संबद्ध मंत्री द्वारा सदस्य क्या चाहता है?
(क) सदन में लंबी चर्चा हो
(ख) सदन में कोई चर्चा न हो

उत्तर के लिए कृपया पृष्ठ सं. 197 देखें।

(ग) सदन में मौखिक उत्तर चाहता है

(घ) सदन के पटल पर लिखित उत्तर चाहता है

459. प्रथम लोकसभा के प्रथम अध्यक्ष कौन थे?

(क) अनंतशयनम आयंगर (ख) गणेश वासुदेव मावलंकर

(ग) सरदार हुकुम सिंह (घ) नीलम संजीव रेड्डी

460. प्रथम लोकसभा के प्रथम उपाध्यक्ष कौन थे?

(क) अनंतशयनम आयंगर (ख) सरदार हुकुम सिंह

(ग) डॉ. एस. राधाकृष्णन् (घ) नीलम संजीव रेड्डी

461. प्रथम लोकसभा का गठन कब हुआ था?

(क) 20 अप्रैल, 1952 (ख) 18 अप्रैल, 1952

(ग) 17 अप्रैल, 1952 (घ) 16 अप्रैल, 1952

462. प्रथम लोकसभा की प्रथम बैठक कब हुई थी?

(क) 13 मई, 1949 (ख) 13 मई, 1950

(ग) 13 मई, 1951 (घ) 13 मई, 1952

463. प्रथम लोकसभा का कार्यकाल क्या था?

(क) 4 वर्ष, 8 माह एवं 2 दिन

(ख) 4 वर्ष, 10 माह एवं 22 दिन

(ग) 4 वर्ष, 9 माह एवं 22 दिन

(घ) 5 वर्ष, 8 माह एवं 20 दिन

464. प्रथम लोकसभा का विघटन कब हुआ था?

(क) 3 अप्रैल, 1957 (ख) 4 अप्रैल, 1957

(ग) 5 अप्रैल, 1957 (घ) 6 अप्रैल, 1957

465. लोकसभा में प्रथम अविश्वास प्रस्ताव कब और किसके द्वारा प्रस्तुत किया गया था?

(क) नेहरू मंत्रिमंडल के विरुद्ध सन् 1960 में आचार्य कृपलानी द्वारा

(ख) नेहरू मंत्रिमंडल के विरुद्ध सन् 1962 में आचार्य कृपलानी द्वारा

(ग) नेहरू मंत्रिमंडल के विरुद्ध सन् 1963 में आचार्य कृपलानी द्वारा

(घ) नेहरू मंत्रिमंडल के विरुद्ध सन् 1964 में आचार्य कृपलानी द्वारा

466. लोकसभा में विपक्ष के प्रथम नेता कौन थे?

(क) लालकृष्ण आडवाणी

उत्तर के लिए कृपया पृष्ठ सं. 197 देखें।

(ख) अटल बिहारी वाजपेयी
(ग) सरदार हुकुम सिंह
(घ) यशवंतराव बलवंतराव चह्वाण

467. भारत में अध्यक्ष (स्पीकर) संस्था का उद्भव कब हुआ?
(क) सन् 1919 में (ख) सन् 1921 में
(ग) सन् 1923 में (घ) सन् 1924 में

468. सन् 1947 से पूर्व लोक (संसद्) का प्रथम अध्यक्ष कौन था
(क) महात्मा गांधी (ख) वल्लभ भाई पटेल
(ग) फ्रेडरिक ह्वाइट (घ) ऑस्टिन चैंबर लेन

469. अध्यक्ष और उपाध्यक्ष की अनुपस्थिति में लोकसभा की अध्यक्षता कौन करता है?
(क) सभापति तालिका का कोई सदस्य (ख) प्रधानमंत्री
(ग) गृहमंत्री (घ) उपराष्ट्रपति

470. संसद् के दोनों सदनों के संयुक्त अधिवेशन की अध्यक्षता कौन करता है?
(क) लोकसभा अध्यक्ष (ख) लोकसभा उपाध्यक्ष
(ग) राज्यसभा के सभापति (घ) राज्यसभा के उपसभापति

471. अपना पद सँभालने से पूर्व कौन पद एवं गोपनीयता की शपथ नहीं लेता?
(क) लोकसभा अध्यक्ष (ख) राष्ट्रपति
(ग) प्रधानमंत्री (घ) उपराष्ट्रपति

472. निम्नलिखित में से किसे लोकसभा का अभिरक्षक माना जाता है?
(क) प्रधानमंत्री (ख) अध्यक्ष
(ग) राज्यसभा के उपसभापति (घ) उपराष्ट्रपति

473. लोकसभा के अध्यक्ष को अपना त्यागपत्र किसे संबोधित करना पड़ता है?
(क) लोकसभा का उपाध्यक्ष (ख) उपराष्ट्रपति
(ग) प्रधानमंत्री (घ) राष्ट्रपति

474. लोकसभा का अध्यक्ष किस समिति का पदेन सभापति होता है?
(क) विशेषाधिकार समिति (ख) कार्य मंत्रणा समिति
(ग) प्राक्कलन समिति (घ) लोक-लेखा समिति

□

उत्तर के लिए कृपया पृष्ठ सं. 197 देखें।

14

राज्यसभा

475. राज्यसभा के सदस्य कितने वर्ष के लिए चुने जाते हैं?

(क) 7 वर्ष (ख) 6 वर्ष

(ग) 5 वर्ष (घ) 4 वर्ष

476. राज्यसभा के उपसभापति का निर्वाचन कौन करता है?

(क) राज्यसभा के सदस्यों द्वारा लोकसभा के किसी सदस्य को

(ख) राज्यसभा के सदस्यों द्वारा मंत्रिपरिषद् के किसी सदस्य को

(ग) राज्यसभा के सदस्यों द्वारा मंत्रिपरिषद् के किसी सदस्य को

(घ) राज्यसभा के सदस्यों द्वारा अपने में से किसी सदस्य को

477. राज्यसभा का प्रथम उपसभापति कौन निर्वाचित हुआ था?

(क) डॉ. एस. राधाकृष्णन् (ख) गोपाल स्वरूप पाठक

(ग) जाकिर हुसैन (घ) बी.डी. जत्ती

478. राज्यसभा का पहली बार गठन कब हुआ था?

(क) 3 अप्रैल, 1957 (ख) 3 अप्रैल, 1956

(ग) 3 अप्रैल, 1955 (घ) 3 अप्रैल, 1952

479. राज्यसभा के सदस्यों के प्रथम समूह की सेवानिवृत्ति कब हुई?

(क) 2 अप्रैल, 1954 (ख) 1 अप्रैल, 1954

(ग) 4 अप्रैल, 1954 (घ) 3 अप्रैल, 1954

480. किस अनुच्छेद के अंतर्गत राज्यसभा का उपसभापति राज्यसभा में उपस्थित और मतदान करनेवाले सदस्यों के बहुमत से पारित संकल्प के आधार पर हटाया जा सकता है?

उत्तर के लिए कृपया पृष्ठ सं. 197 देखें।

(क) अनुच्छेद-90(ग) (ख) अनुच्छेद-90(घ)
(ग) अनुच्छेद-90(ङ) (घ) अनुच्छेद-90(च)

481. राज्यसभा के सदस्यों की अधिकतम संख्या कितनी निश्चित की गई है?
(क) 250 (ख) 251
(ग) 252 (घ) 253

482. राज्यसभा के सदस्यों का चुनाव कौन करता है?
(क) लोकसभा के सदस्य
(ख) नगर पालिकाओं के सदस्य
(ग) ग्राम पंचायतों के सदस्य
(घ) राज्य विधानसभाओं के सदस्य

483. राज्यसभा की सदस्यता के लिए न्यूनतम उम्र कितनी है?
(क) 29 वर्ष (ख) 30 वर्ष
(ग) 31 वर्ष (घ) 32 वर्ष

484. क्या लोकसभा की भाँति राज्यसभा भी भंग होती है?
(क) नहीं, प्रत्येक छह वर्ष बाद उसके एक-तिहाई सदस्यों की सदस्यता समाप्त हो जाती है।
(ख) नहीं, प्रत्येक दो वर्ष बाद उसके एक-तिहाई सदस्यों की सदस्यता समाप्त हो जाती है।
(ग) नहीं, प्रत्येक चार वर्ष बाद उसके एक-तिहाई सदस्यों की सदस्यता समाप्त हो जाती है।
(घ) नहीं, प्रत्येक पाँच वर्ष बाद उसके एक-तिहाई सदस्यों की सदस्यता समाप्त हो जाती है।

485. निम्नलिखित में से कौन सा वक्तव्य सही है?
(क) राज्यसभा की तुलना अमेरिका की सीनेट से की जा सकती है, पर व्यावहारिक दृष्टि से यह सीनेट जैसी शक्तिशाली नहीं है
(ख) राज्यसभा की तुलना ब्रिटेन के हाउस ऑफ लॉड्र्स से की जा सकती है, पर वह हाउस ऑफ लॉड्र्स की तरह प्रभावहीन है
(ग) राज्यसभा ब्रिटेन के हाउस ऑफ लॉड्र्स से भिन्न नहीं है, क्योंकि इसमें भी आनुवंशिक सदस्य हैं

उत्तर के लिए कृपया पृष्ठ सं. 197 देखें।

(घ) राज्यसभा में राज्यों का प्रतिनिधित्व अमेरिका की सीनेट में अपनाए गए ढंग पर नहीं है

486. निम्नलिखित में से कौन सा वक्तव्य सही नहीं है?

(क) उपराष्ट्रपति को पद से हटाने का प्रस्ताव पहली बार राज्यसभा से पारित होकर लोकसभा के पास आता है

(ख) राज्यसभा के सदस्य उपराष्ट्रपति का चुनाव करते हैं

(ग) राज्यसभा के निर्वाचित सदस्य उपराष्ट्रपति के चुनाव में भाग लेते हैं

(घ) राज्यसभा के सदस्य लोकसभा के सदस्यों के साथ मिलकर उपराष्ट्रपति का चुनाव करते हैं

487. वित्त विधेयक की दृष्टि से राज्यसभा की स्थिति ब्रिटेन के हाउस ऑफ लॉर्ड्स की तुलना में कैसी है?

(क) सबल (ख) बराबर

(ग) अपेक्षाकृत अधिक शक्तिशाली (घ) निर्बल

488. राज्यसभा के सभापति का निर्वाचन कौन करता है?

(क) केवल लोकसभा के सदस्य

(ख) संसद् के सभी सदस्य

(ग) केवल मंत्रिमंडल के सदस्य

(घ) केवल राज्यसभा के सदस्य

489. राज्यसभा में कोरम के लिए निर्धारित संख्या कितनी है?

(क) 20 (ख) 21

(ग) 22 (घ) 25

490. जब स्थगन प्रस्ताव पर बहस हो रही हो तो सदन को स्थगित करने की शक्ति किसमें निहित है?

(क) सदन के अध्यक्ष के पास

(ख) राष्ट्रपति के पास

(ग) सदन के पास

(घ) प्रधानमंत्री के पास

491. यदि राज्यसभा किसी संविधान संशोधन विधेयक पर लोकसभा से असहमत हो तो विकल्प क्या है?

उत्तर के लिए कृपया पृष्ठ सं. 197 देखें।

(क) संशोधन विधेयक पारित माना जाएगा

(ख) संशोधन विधेयक पारित नहीं माना जाएगा

(ग) संयुक्त बैठक द्वारा निर्णय होगा

(घ) दो-तिहाई बहुमत से लोकसभा द्वारा पारित

492. राज्यसभा का कार्यक्षेत्र क्या है?

(क) संसद् को राज्य सूची के विषयों पर कानून बनाने के लिए अधिकृत करना

(ख) उपराष्ट्रपति का चुनाव

(ग) राज्यों का पुनर्गठन

(घ) आपातकाल का अनुमोदन

493. राज्यसभा और लोकसभा की समान शक्तियाँ किस क्षेत्र में हैं?

(क) संविधान में संशोधन करने के विषय में

(ख) नई अखिल भारतीय सेवाएँ गठित करने के संबंध में

(ग) सरकार को हटाने के विषय में

(घ) कटौती प्रस्ताव प्रस्तुत करने के विषय में

□

उत्तर के लिए कृपया पृष्ठ सं. 197 व 198 देखें।

15

मंत्रिपरिषद्

494. संघीय मंत्रियों की नियुक्ति कौन करता है ?
    (क) राष्ट्रपति के आदेश से प्रधानमंत्री
    (ख) प्रधानमंत्री की सलाह से मुख्य न्यायाधीश
    (ग) प्रधानमंत्री की सलाह से उपराष्ट्रपति
    (घ) प्रधानमंत्री की सलाह से राष्ट्रपति
495. संघीय मंत्रिपरिषद् के मंत्री किसके प्रसादपर्यंत अपने पद पर बने रहते हैं ?
    (क) प्रधानमंत्री के प्रसादपर्यंत
    (ख) राष्ट्रपति के प्रसादपर्यंत
    (ग) उपराष्ट्रपति के प्रसादपर्यंत
    (घ) लोकसभा अध्यक्ष के प्रसादपर्यंत
496. भारत में संसद् के किसी भी सदन का सदस्य हुए बिना ही कोई व्यक्ति कितने दिनों तक मंत्री पद पर आसीन रह सकता है ?
    (क) 9 माह (ख) 6 माह
    (ग) 3 माह (घ) 2 माह
497. संविधान के किस अनुच्छेद में व्यवस्था है कि मंत्रिपरिषद् सामूहिक रूप से लोकसभा के प्रति उत्तरदायी होगी
    (क) अनुच्छेद-72 (3) में
    (ख) अनुच्छेद-73 (3) में
    (ग) अनुच्छेद-74 (3) में

उत्तर के लिए कृपया पृष्ठ सं. 198 देखें।

(घ) अनुच्छेद-75 (3) में

498. भारतीय संविधान में 'मंत्रिमंडल' शब्द का उल्लेख कितनी बार और किस अनुच्छेद में है ?
(क) दस बार और अनुच्छेद-352 में
(ख) मात्र एक बार और अनुच्छेद-352
(ग) दो बार और अनुच्छेद-352 में
(घ) तीन बार और अनुच्छेद-352 में

499. समस्त क्षेत्रीय परिषदों का पदेन अध्यक्ष कौन होता है ?
(क) संघीय प्रधानमंत्री (ख) संघीय गृहमंत्री
(ग) संघीय रेलमंत्री (घ) संघीय रक्षामंत्री

500. मंत्रिमंडल में किस प्रकार के मंत्री शमिल होते हैं ?
(क) सिर्फ राज्यमंत्री (ख) सिर्फ उपमंत्री
(ग) सिर्फ कैबिनेट मंत्री (घ) सभी प्रकार के

501. मंत्रिपरिषद् में कितने प्रकार के मंत्री शामिल होते हैं ?
(क) चार प्रकार के—मुख्यमंत्री, कैबिनेट मंत्री, राज्यमंत्री एवं उपमंत्री
(ख) तीन प्रकार के—कैबिनेट मंत्री, राज्यमंत्री एवं उपमंत्री
(ग) दो प्रकार के—कैबिनेट मंत्री एवं उपमंत्री
(घ) केवल कैबिनेट मंत्री

502. भारतीय संविधान के अनुच्छेद-75(3) के अनुसार, मंत्रिपरिषद् सामूहिक रूप से किसके प्रति उत्तरदायी होती है ?
(क) लोकसभा (ख) राष्ट्रपति
(ग) राज्यसभा (घ) प्रधानमंत्री

503. प्रधानमंत्री कार्यालय किसके अधीन होता है ?
(क) राष्ट्रपति के (ख) उपराष्ट्रपति के
(ग) रक्षा मंत्रालय के (घ) गृह मंत्रालय के

504. उपराष्ट्रपति के चुनाव में प्रधानमंत्री कब मतदान का अधिकारी नहीं होता ?
(क) यदि वह अवकाश पर है
(ख) यदि वह विदेश में है
(ग) यदि वह संसद् का सदस्य है
(घ) यदि वह संसद् का सदस्य नहीं है

उत्तर के लिए कृपया पृष्ठ सं. 198 देखें।

505. संविधान के किस अनुच्छेद के अंतर्गत प्रधानमंत्री की नियुक्ति राष्ट्रपति करते हैं?
(क) अनुच्छेद-95 (ख) अनुच्छेद-96
(ग) अनुच्छेद-97 (घ) अनुच्छेद-98

506. सन् 1989 के लोकसभा चुनावों के परिणामस्वरूप भारत में किस प्रकार की सरकार बनी थी?
(क) बहुमतीय सरकार
(ख) मिली-जुली सरकार
(ग) त्रिशंकु सरकार
(घ) अल्पमतीय सरकार

507. भारत में प्रधानमंत्री व्यवस्था के अभ्युदय का मूल कारण क्या नहीं है?
(क) अल्पमतीय सरकार (ख) मिली-जुली सरकार
(ग) त्रिशंकु सरकार (घ) बहुमतीय सरकार

508. संविधान के किस अनुच्छेद के अंतर्गत मंत्रिगण सामूहिक रूप से लोकसभा के प्रति उत्तरदायी हैं?
(क) अनुच्छेद-74 (ख) अनुच्छेद-75
(ग) अनुच्छेद-76 (घ) अनुच्छेद-77

509. पं. नेहरू के निधन पर किसे प्रधानमंत्री पद पर नियुक्त किया गया था?
(क) इंदिरा गांधी (ख) गुलजारी लाल नंदा
(ग) लाल बहादुर शास्त्री (घ) कृष्णा मेनन

510. भारत में प्रधानमंत्री निम्नलिखित में से कौन सी संवैधानिक बाध्यता के अधीन है?
(क) प्रधानमंत्री प्रशासन एवं विधि-रचना संबंधी सभी प्रस्तावों के संबंध में कैबिनेट द्वारा लिये गए निर्णयों से राष्ट्रपति को अवगत न कराए
(ख) प्रधानमंत्री प्रशासन एवं विधि-रचना संबंधी सभी प्रस्तावों के संबंध में कैबिनेट द्वारा लिये गए निर्णयों से राष्ट्रपति को अवगत कराए
(ग) प्रधानमंत्री प्रशासन एवं विधि-रचना संबंधी सभी प्रस्तावों के संबंध में राष्ट्रपति की चमचागिरी करता रहे
(घ) प्रधानमंत्री प्रशासन एवं विधि-रचना में मनचाहे परिवर्तन करता रहे

511. भारत के महान्यायवादी की नियुक्ति से संबंधित अनुच्छेद कौन सा है?

उत्तर के लिए कृपया पृष्ठ सं. 198 देखें।

(क) अनुच्छेद-75 (ख) अनुच्छेद-76
(ग) अनुच्छेद-77 (घ) अनुच्छेद-78

512. भारत के शासनाध्यक्ष का संबोधन किसके लिए किया जाता है ?
(क) राज्यसभा के लिए (ख) लोकसभा के लिए
(ग) लोकसभा अध्यक्ष के लिए (घ) प्रधानमंत्री के लिए

□

उत्तर के लिए कृपया पृष्ठ सं. 198 देखें।

16

विधायी प्रक्रिया और विधेयक

513. संविधान के किस अनुच्छेद में धन विधेयकों के संबंध में विशेष प्रक्रिया का उल्लेख है?

(क) अनुच्छेद-107 (ख) अनुच्छेद-108

(ग) अनुच्छेद-109 (घ) अनुच्छेद-110

514. संविधान में बजट के लिए अनुच्छेद-112 के अंतर्गत किस शब्दावली का प्रयोग किया गया है?

(क) अर्द्धवार्षिक वित्तीय विवरण (ख) वार्षिक वित्तीय विवरण

(ग) द्विवार्षिक वित्तीय विवरण (घ) त्रिवार्षिक वित्तीय विवरण

515. किस अनुच्छेद के अंतर्गत भारत के लिए नियंत्रक महालेखापरीक्षक की नियुक्ति का प्रावधान है?

(क) अनुच्छेद-149 (ख) अनुच्छेद-147

(ग) अनुच्छेद-150 (घ) अनुच्छेद-148

516. कटौती प्रस्ताव कितने प्रकार के होते हैं?

(क) केवल नीति निरनुमोदित कटौती प्रस्ताव

(ख) दो प्रकार के—नीति निरनुमोदित कटौती प्रस्ताव तथा सांकेतिक कटौती प्रस्ताव

(ग) तीन प्रकार के—नीति निरनुमोदित कटौती प्रस्ताव, मितव्ययिता कटौती प्रस्ताव तथा सांकेतिक कटौती प्रस्ताव

(घ) चार प्रकार के—नीति निरनुमोदित कटौती प्रस्ताव, मितव्ययिता

उत्तर के लिए कृपया पृष्ठ सं. 198 देखें।

कटौती प्रस्ताव, ऊलजलूल कटौती प्रस्ताव तथा सांकेतिक कटौती प्रस्ताव

517. किस कटौती प्रस्ताव में कहा जाता है कि माँग की राशि घटाकर एक रुपए कर दी जाए?
(क) मितव्ययिता कटौती प्रस्ताव
(ख) नीति निरनुमोदित कटौती प्रस्ताव
(ग) सांकेतिक कटौती प्रस्ताव
(घ) मितव्ययिता कटौती प्रस्ताव तथा सांकेतिक कटौती प्रस्ताव

518. किस कटौती प्रस्ताव में कहा जाता है कि माँग की राशि में 100 रुपए की कमी की जाए?
(क) सांकेतिक कटौती प्रस्ताव
(ख) मितव्ययिता कटौती प्रस्ताव
(ग) नीति निरनुमोदित कटौती प्रस्ताव
(घ) ऊलजलूल कटौती प्रस्ताव

519. कौन सा विधेयक राज्यसभा में पेश नहीं किया जा सकता?
(क) धन विधेयक (ख) वित्त विधेयक
(ग) विनियोग विधेयक (घ) साधारण विधेयक

520. कौन सा विधेयक संचित निधि में से व्यय के विनियोग के लिए सरकार को कानूनी अधिकार देता है?
(क) विनियोग विधेयक (ख) धन विधेयक
(ग) साधारण विधेयक (घ) वित्त विधेयक

521. भारतीय संविधान के अनुच्छेद-110 (क) से 110 (छ) तक में उल्लिखित विधेयक को क्या कहते हैं?
(क) साधारण विधेयक (ख) धन विधेयक
(ग) विनियोग विधेयक (घ) वित्त विधेयक

522. संविधान के किस अनुच्छेद के अनुसार किसी साधारण विधेयक पर मतभेद होने की स्थिति में संसद् के दोनों सदनों की संयुक्त बैठक बुलाई जाती है?
(क) अनुच्छेद-108 (ख) अनुच्छेद-109
(ग) अनुच्छेद-110 (घ) अनुच्छेद-11

उत्तर के लिए कृपया पृष्ठ सं. 198 देखें।

523. राज्यसभा धन विधेयक को कितने दिन रोक सकती है?
(क) 15 दिन तक (ख) 14 दिन तक
(ग) 13 दिन तक (घ) 12 दिन तक

524. संविधान के किस अनुच्छेद के आधार पर राष्ट्रपति संसद् में भारत सरकार की आगामी वर्ष के लिए प्राक्कलित प्राप्तियों और व्यय का वितरण संसद् में रखवाता है?
(क) अनुच्छेद-112 (ख) अनुच्छेद-113
(ग) अनुच्छेद-114 (घ) अनुच्छेद-115

525. जब आय की तुलना में सरकार का व्यय अधिक होता है, तब यह क्या कहलाता है?
(क) लाभ का बजट (ख) घाटे का बजट
(ग) समतुल्य बजट (घ) उधार का बजट

526. सरकार द्वारा नए कर लगाने के प्रस्ताव, प्रचलित कर संरचना में संशोधन तथा संसद् द्वारा स्वीकृत प्रचलित कर संरचना की स्वीकृति अवधि में विस्तार आदि घटकों को सम्मिलित करते हुए संसद् में प्रस्तुत दस्तावेज क्या कहलाता है?
(क) वित्त विधेयक (ख) साधारण विधेयक
(ग) विनियोग विधेयक (घ) धन विधेयक

527. संसद् में बजट कितने भागों में पेश किया जाता है?
(क) केवल सामान्य बजट
(ख) दो भागों में—रेल बजट और सामान्य बजट
(ग) तीन भागों में—रेल बजट, अतिरिक्त बजट और सामान्य बजट
(घ) चार भागों में—रेल बजट, अतिरिक्त बजट, आम बजट और सामान्य बजट

528. लोकसभा में कौन सा विधेयक पेश किया जाता है, जिसमें लोकसभा द्वारा स्वीकृत अनुदान की सब माँगों तथा संचित निधि पर प्रभावित व्यय सम्मिलित किया जाता है?
(क) वित्त विधेयक (ख) विनियोग विधेयक
(ग) साधारण विधेयक (घ) धन विधेयक

529. बजट की प्रक्रिया पूरी होने तक लोकसभा किसी वित्त वर्ष के भाग के

उत्तर के लिए कृपया पृष्ठ सं. 198 देखें।

लिए कौन सा अनुदान स्वीकृत कर सकती है ?

(क) अग्रिम अनुदान (ख) परवर्ती अनुदान

(ग) लेखा अनुदान (घ) इनमें से कोई नहीं

530. क्या सभी वित्त विधेयक धन विधेयक होते हैं ?

(क) नहीं, केवल ऐसे वित्त विधेयक हो सकते हैं, जिनमें केवल अनुच्छेद-110 में उल्लिखित मामलों का उपबंध हो और जिन्हें अध्यक्ष द्वारा धन विधेयक के रूप में प्रमाणित किया जाए

(ख) नहीं, केवल ऐसे वित्त विधेयक हो सकते हैं, जिनमें केवल अनुच्छेद-111 में उल्लिखित मामलों का उपबंध हो और जिन्हें प्रधानमंत्री द्वारा धन विधेयक के रूप में प्रमाणित किया जाए

(ग) नहीं, केवल ऐसे वित्त विधेयक हो सकते हैं, जिनमें केवल अनुच्छेद-110 में उल्लिखित मामलों का उपबंध हो और जिन्हें वित्तमंत्री द्वारा धन विधेयक के रूप में प्रमाणित किया जाए

(घ) नहीं, केवल ऐसे वित्त विधेयक हो सकते हैं, जिनमें केवल अनुच्छेद-112 में उल्लिखित मामलों का उपबंध हो और जिन्हें राष्ट्रपति द्वारा धन विधेयक के रूप में प्रमाणित किया जाए

531. राष्ट्रपति द्वारा जारी अध्यादेश कितनी अवधि तक मान्य होते हैं ?

(क) 6 माह (ख) 7 माह

(ग) 8 माह (घ) 9 माह

532. धन विधेयक के बारे में क्या लागू नहीं होता ?

(क) धन विधेयक पर दोनों सदनों के बीच असहमति होने की स्थिति में उसका निराकरण दोनों सदनों की संयुक्त बैठक में किया जाता है

(ख) धन विधेयक पहले लोकसभा में ही रखे जा सकते हैं

(ग) धन विधेयक प्रस्तुत करने के लिए राष्ट्रपति की अनुमति आवश्यक है

(घ) धन विधेयक को राष्ट्रपति साधारण विधेयक के समान पुनर्विचार के लिए नहीं लौटा सकते

533. भारतीय बजट में कर प्रस्ताव इनमें से किसमें निहित होते हैं ?

(क) धन विधेयक (ख) वित्त विधेयक

(ग) साधारण विधेयक (घ) विनियोग विधेयक

उत्तर के लिए कृपया पृष्ठ सं. 198 देखें।

534. विधायी कार्य करने के लिए संसद् की संयुक्त बैठक की अध्यक्षता कौन करता है ?

(क) प्रधानमंत्री (ख) राष्ट्रपति
(ग) उपराष्ट्रपति (घ) लोकसभा अध्यक्ष

535. किस प्रधानमंत्री द्वारा प्रस्तुत विश्वास प्रस्ताव पर अब तक की सबसे लंबी बहस लोकसभा में हुई ?

(क) इंदिरा गांधी (ख) अटल बिहारी वाजपेयी
(ग) चरणसिंह (घ) पी.वी. नरसिंह राव

536. लोकसभा के इतिहास में औपचारिक रूप से प्रस्तुत पहला अविश्वास प्रस्ताव, जिसे विचार के लिए स्वीकृत किया गया, किसके द्वारा प्रस्तुत किया गया ?

(क) कृष्णा मेनन (ख) जे. बी. कृपलानी
(ग) अटल बिहारी वाजपेयी (घ) पी.वी. नरसिंह राव

537. अविश्वास प्रस्ताव पारित होने पर किस प्रधानमंत्री को त्यागपत्र देना पड़ा था ?

(क) इंदिरा गांधी (ख) पी.वी. नरसिंह राव
(ग) मोरारजी देसाई (घ) राजीव गांधी

538. अब तक लोकसभा में सर्वाधिक अविश्वास प्रस्ताव किस प्रधानमंत्री की सरकार के खिलाफ प्रस्तुत किए गए ?

(क) इंदिरा गांधी (ख) पी.वी. नरसिंह राव
(ग) अटल बिहारी वाजपेयी (घ) चौ. चरणसिंह

539. प्रधानमंत्री और मंत्रिपरिषद् को अपदस्थ करने के लिए रचनात्मक अविश्वास का प्रस्ताव किस देश के संविधान में पाया जाता है ?

(क) संयुक्त राज्य अमेरिका (ख) ब्रिटेन
(ग) इटली (घ) जर्मनी

540. निम्नलिखित में से कौन सा वक्तव्य गलत है ?

(क) जब विश्वास प्रस्ताव और अविश्वास प्रस्ताव दोनों ही की सूचनाएँ प्राप्त होती हैं तो दूसरे को पहले से प्राथमिकता दी जाती है

(ख) विश्वास प्रस्ताव के मामले में सदन की अनुमति लेने की जरूरत नहीं

उत्तर के लिए कृपया पृष्ठ सं. 198 व 199 देखें।

(ग) विश्वास प्रस्ताव आधुनिक युग की देन है

(घ) मंत्रिपरिषद् में विश्वास प्रस्ताव की प्रक्रिया के संबंध में कोई नियम नहीं है

541. कानून बनाने के लिए प्रस्तावित विधेयक के कितने वाचन होते हैं?

(क) दो (ख) तीन

(ग) चार (घ) पाँच

542. संविधान का अनुच्छेद-248 किससे संबंधित है?

(क) अंतरराष्ट्रीय करारों को प्रभावी करने के लिए विधान

(ख) अवशिष्ट विधायी शक्तियाँ

(ग) संसद् द्वारा और राज्यों के विधानमंडलों द्वारा बनाई गई विधियों का विस्तार

(घ) संसद् द्वारा और राज्यों के विधानमंडलों द्वारा बनाई गई विधियों की विषय-वस्तु

□

उत्तर के लिए कृपया पृष्ठ सं. 199 देखें।

17

संसद् की समितियाँ

543. संसद् की किस समिति का सभापति आमतौर से विपक्ष के किसी सदस्य को ही नियुक्त किया जाता है?
   (क) प्राक्कलन समिति
   (ख) कार्य मंत्रणा समिति
   (ग) लोक लेखा समिति
   (घ) याचिका समिति

544. लोक लेखा समिति का कार्य क्या है?
   (क) सरकारी विधेयकों के प्रक्रम तथा अन्य सरकारी कार्य पर चर्चा के लिए समय बँटवारे की सिफारिश करना
   (ख) याचिकाओं या शिकायतों पर विचार करना
   (ग) विनियोग लेखा और उस पर महालेखा परीक्षक के रिपोर्ट की जाँच करना
   (घ) कार्यसूची में विधेयक को पुनर्स्थापित करने से पूर्व प्रत्येक ऐसे विधेयक की जाँच करना, जो संविधान में संशोधन करना चाहता हो और जिसकी सूचना गैर-सरकारी सदस्य द्वारा दी गई हो

545. लोकसभा की किस समिति का सभापति पदेन लोकसभा अध्यक्ष ही होते हैं?
   (क) प्राक्कलन समिति
   (ख) लोक लेखा समिति

उत्तर के लिए कृपया पृष्ठ सं. 199 देखें।

(ग) कार्य मंत्रणा समिति
(घ) याचिका समिति

546. लोक लेखा समिति में लोकसभा और राज्यसभा से कितने-कितने सदस्य होते है ?
(क) 15 सदस्य लोकसभा से तथा 7 सदस्य राज्यसभा से
(ख) 5 सदस्य लोकसभा से तथा 5 सदस्य राज्यसभा से
(ग) 4 सदस्य लोकसभा से तथा 4 सदस्य राज्यसभा से
(घ) 3 सदस्य लोकसभा से तथा 3 सदस्य राज्यसभा से

547. संसदीय समितियों में से कौन सी विभागीय व्यय और अनियमितताओं पर निगरानी रखती है ?
(क) लोक लेखा समिति (ख) प्राक्कलन समिति
(ग) याचिका समिति (घ) कार्य मंत्रणा समिति

548. संसद् की लोक लेखा समिति के अध्यक्ष को कौन निर्देशित करता है ?
(क) राष्ट्रपति (ख) प्रधानमंत्री
(ग) उपराष्ट्रपति (घ) लोकसभा अध्यक्ष

549. भारतीय संसद् की सबसे पुरानी समिति कौन सी है ?
(क) याचिका समिति (ख) लोक लेखा समिति
(ग) कार्य मंत्रणा समिति (घ) प्राक्कलन समिति

550. याचिका समिति में कम-से-कम कितने सदस्य होते हैं ?
(क) 13 (ख) 14
(ग) 15 (घ) 16

551. याचिका समिति के सदस्यों के नाम कौन निर्देशित करता है ?
(क) लोकसभा अध्यक्ष (ख) राष्ट्रपति
(ग) उपराष्ट्रपति (घ) प्रधानमंत्री

552. याचिका समिति का कार्यकाल कितना होता है ?
(क) एक वर्ष (ख) दो वर्ष
(ग) तीन वर्ष (घ) चार वर्ष

553. याचिका समिति का प्रमुख कार्य क्या होता है ?
(क) विनियोग लेखा और उस पर महालेखा परीक्षक की रिपोर्ट की जाँच करना

उत्तर के लिए कृपया पृष्ठ सं. 199 देखें।

(ख) यह सिफारिश करना कि गैर-सरकारी सदस्यों के प्रत्येक विधेयक पर चर्चा के लिए कितना समय निर्धारित किया जाए

(ग) प्रशासन में कार्यपटुता और मितव्ययिता लाने के लिए वैकल्पिक नीतियों का सुझाव देना

(घ) जनता द्वारा सदन के सम्मुख प्रस्तुत सामान्य हित संबंधी याचिकाओं पर विचार कर सदन को रिपोर्ट देना

554. प्राक्कलन समिति में कितने सदस्य होते हैं?

(क) 25 (ख) 28

(ग) 30 (घ) 35

555. प्राक्कलन समिति का गठन कितने समय के लिए किया जाता है?

(क) एक वर्ष के लिए (ख) दो वर्ष के लिए

(ग) तीन वर्ष के लिए (घ) चार वर्ष के लिए

556. प्राक्कलन समिति का गठन कब किया जाता है?

(क) प्रति वर्ष प्रथम सत्र के अंत में

(ख) प्रति वर्ष प्रथम सत्र के मध्य में

(ग) प्रति वर्ष द्वितीय सत्र में

(घ) प्रति वर्ष प्रथम सत्र के आरंभ में

557. प्राक्कलन समिति का प्रमुख कार्य क्या होता है?

(क) सरकारी विधेयकों के प्रक्रम तथा अन्य सरकारी कार्य पर चर्चा के लिए समय के बँटवारे की सिफारिश करना

(ख) विशेषाधिकार भंग होने के मामलों की जाँच करना

(ग) विभिन्न विभागों के वित्तीय अनुमानों की जाँच करना और मितव्ययिता लाने के लिए सुझाव देना

(घ) कार्यसूची में विधेयक को पुनर्स्थापित करने से पूर्व प्रत्येक ऐसे विधेयक की जाँच करना, जो संविधान में संशोधन करना चाहता हो और जिसकी सूचना गैर-सरकारी सदस्य द्वारा दी गई हो

558. विशेषाधिकार समिति में कितने सदस्य होते हैं?

(क) 12 (ख) 13

(ग) 15 (घ) 16

559. विशेषाधिकार समिति का प्रमुख कार्य क्या है?

उत्तर के लिए कृपया पृष्ठ सं. 199 देखें।

(क) सदन और उसके सदस्यों के विशेषाधिकारों की रक्षा करना
(ख) विभिन्न विभागों के वित्तीय अनुमानों की जाँच करना और मितव्ययिता लाने के लिए सुझाव देना
(ग) विनियोग लेखा और उस पर महालेखा परीक्षक की रिपोर्ट की जाँच करना
(घ) सरकारी विधेयकों के प्रक्रम तथा अन्य सरकारी कार्य पर चर्चा के लिए समय के बँटवारे की सिफारिश करना

560. विशेषाधिकार समिति के सदस्यों को कौन मनोनीत करता है ?
(क) प्रधानमंत्री (ख) सदन का अध्यक्ष
(ग) गृहमंत्री (घ) वित्तमंत्री

561. सदन में अनुपस्थित रहनेवाले सदस्यों से संबंधित समिति में कितने सदस्य होते हैं ?
(क) 13 (ख) 14
(ग) 15 (घ) 17

562. सदन में अनुपस्थित रहने वाले सदस्यों से संबंधित समिति का गठन कितने समय के लिए किया जाता है ?
(क) दो वर्ष (ख) एक वर्ष
(ग) तीन वर्ष (घ) चार वर्ष

□

उत्तर के लिए कृपया पृष्ठ सं. 199 देखें।

18

संघ की न्यायपालिका

563. भारत सरकार का विधि सलाहकार किसे कहा गया है?
(क) उच्चतम न्यायालय के मुख्य न्यायाधीश को
(ख) उच्च न्यायालय के मुख्य न्यायाधीश को
(ग) महान्यायवादी को
(घ) देश के वरिष्ठतम अधिवक्ता को

564. वह रिट, जो भारत में उच्च न्यायालय अथवा सर्वोच्च न्यायालय द्वारा किसी व्यक्ति या सार्वजनिक संस्था को आदेश देती है कि वह अपना कर्तव्य-पालन करे, क्या कहलाती है?
(क) प्रतिषेध आदेश (ख) परमादेश
(ग) अधिकार पृच्छा (घ) मेंडेमस

565. सर्वोच्च न्यायालय के न्यायाधीशों की अवकाश ग्रहण करने की सामान्य उम्र क्या है?
(क) 64 वर्ष (ख) 65 वर्ष
(ग) 66 वर्ष (घ) 67 वर्ष

566. राज्य का उच्चतम विधि अधिकारी कौन होता है?
(क) उच्च न्यायालय के मुख्य न्यायाधीश
(ख) विधिमंत्री
(ग) राज्य का वरिष्ठतम अधिवक्ता
(घ) एडवोकेट जनरल

उत्तर के लिए कृपया पृष्ठ सं. 199 देखें।

567. किसी सार्वजनिक पद को गैर-कानूनी रूप से प्राप्त करने से रोकने वाले रिट को क्या कहा जाता है?
(क) निषेधाज्ञा (ख) उत्प्रेषण
(ग) परमादेश (घ) अधिकार पृच्छा

568. अधीनस्थ न्यायालय को उसके अधिकार क्षेत्र का उल्लंघन करने से रोकने वाली रिट को क्या कहा जाता है
(क) निषेधाज्ञा (ख) प्रतिषेध लेख
(ग) बंदी प्रत्यक्षीकरण (घ) परमादेश

569. भारतीय संविधान के किस अनुच्छेद में व्यवस्था है कि अनुच्छेद-327 और 328 के अंतर्गत बनाई गई किसी भी विधि को न्यायालय में चुनौती नहीं दी जा सकती है?
(क) अनुच्छेद-332 (ख) अनुच्छेद-331
(ग) अनुच्छेद-330 (घ) अनुच्छेद-329

570. सर्वोच्च न्यायालय के किस न्यायाधीश पर असफल महाभियोग चलाया गया था?
(क) न्यायमूर्ति ए.एन.रे (ख) न्यायमूर्ति रामास्वामी
(ग) न्यायमूर्ति एस. मुखर्जी (घ) न्यायमूर्ति ए.के. सरकार

571. भारत के सर्वोच्च न्यायालय में सर्वप्रथम महिला न्यायाधीश होने का गौरव किसे प्राप्त है?
(क) गिरिजा व्यास (ख) एम. फातिमा बीबी
(ग) सुषमा अवस्थी (घ) उषा गोस्वामी

572. किस वाद में सर्वोच्च न्यायालय ने यह फैसला दिया था कि संसद् संविधान के आधारभूत ढाँचे में संशोधन नहीं कर सकती है?
(क) आंध्र प्रदेश राज्य बनाम एन. आर. रेड्डी
(ख) इंडियन एक्सप्रेस बनाम भारत संघ
(ग) रमेश थापर बनाम मद्रास राज्य
(घ) केशवानंद भारती बनाम भारत संघ

573. किस अनुच्छेद के अंतर्गत उच्चतम न्यायालय अभिलेख न्यायालय होगा तथा उसे अपनी अवमानना के लिए दंड देने की शक्ति प्राप्त है?
(क) अनुच्छेद-128 (ख) अनुच्छेद-129

उत्तर के लिए कृपया पृष्ठ सं. 199 देखें।

(ग) अनुच्छेद-130 (घ) अनुच्छेद-131

574. राष्ट्रपति किस अनुच्छेद के अंतर्गत उच्चतम न्यायालय से किसी विवाद पर संवैधानिक सलाह लेता है ?

(क) अनुच्छेद-142 (ख) अनुच्छेद-143

(ग) अनुच्छेद-144 (घ) अनुच्छेद-145

575. अभी तक उच्चतम न्यायालय के न्यायाधीशों पर महाभियोग कितनी बार लगाया गया है ?

(क) चार बार (ख) तीन बार

(ग) दो बार (घ) एक बार

576. 'संसद् मौलिक अधिकारों में कोई परिवर्तन नहीं कर सकती'—किस मामले में सर्वोच्च न्यायालय ने ऐसा निर्णय दिया ?

(क) गोलकनाथ बनाम पंजाब राज्य

(ख) गोपालन बनाम मद्रास राज्य

(ग) एम. इस्माइल फारुकी बनाम भारत संघ

(घ) मिनर्वा मिल्स बनाम भारत सरकार

577. निम्नलिखित में से कौन सा वक्तव्य सही नहीं है ?

(क) राष्ट्रपति संसद् के दोनों सदनों को संबोधित कर सकता है।

(ख) अनुच्छेद-124 के अंतर्गत राष्ट्रपति को संविधान द्वारा विहित अर्हता रखनेवाले किसी भी व्यक्ति को मुख्य न्यायाधिपति नियुक्त करने की शक्ति प्राप्त है।

(ग) आरंभ से ही सर्वोच्च न्यायालय के वरिष्ठतम न्यायाधीश को मुख्य न्यायाधिपति नियुक्त करने की परंपरा चली आ रही थी।

(घ) राज्य के उच्च न्यायालय के न्यायाधीश की नियुक्ति राज्यपाल करता है।

578. स्वतंत्र और सभ्य राज्य की पहचान का आधार क्या है ?

(क) सुंदर और व्यवस्थित नगर

(ख) स्वतंत्र और निष्पक्ष न्यायपालिका

(ग) रमणीय पर्यटन स्थल

(घ) शिक्षित एवं सभ्य नागरिक

579. भारत में संविधान और लोकतंत्र की रक्षा का दायित्व किस पर है ?

उत्तर के लिए कृपया पृष्ठ सं. 199 देखें।

(क) उच्च न्यायालय पर (ख) राज्यपाल पर
(ग) सर्वोच्च न्यायालय पर (घ) प्रधानमंत्री पर

580. सर्वोच्च न्यायालय का प्रमुख कार्य क्या रहा है?
(क) संविधान की व्याख्या (ख) कानून बनाना
(ग) जन याचिकाओं पर विचार (घ) राष्ट्रपति को सलाह देना

581. भारत में स्वतंत्र और निष्पक्ष सर्वोच्च न्यायालय क्यों आवश्यक है?
(क) क्योंकि भारत में संघात्मक शासन-प्रणाली है
(ख) क्योंकि भारत में दोहरी नागरिकता नहीं है
(ग) क्योंकि भारत में एकात्मक और संघात्मक शासन-प्रणाली है
(घ) क्योंकि जिला और राज्य स्तरीय न्यायालय अपना कार्य ठीक प्रकार से नहीं कर पाते

582. न्यायाधीशों के चयन का श्रेष्ठ तरीका क्या हो सकता हे?
(क) जनता द्वारा निर्वाचन
(ख) संघ लोक सेवा आयोग द्वारा नियुक्ति
(ग) चुनाव आयोग द्वारा नियुक्ति
(घ) कार्यपालिका द्वारा नियुक्ति

583. सर्वोच्च न्यायालय में कितने न्यायाधीश हैं?
(क) मुख्य न्यायाधीश सहित 16 न्यायाधीश
(ख) मुख्य न्यायाधीश सहित 20 न्यायाधीश
(ग) मुख्य न्यायाधीश सहित 24 न्यायाधीश
(घ) मुख्य न्यायाधीश सहित 26 न्यायाधीश

584. क्या भारत के संविधान में सर्वोच्च न्यायालय के न्यायाधीशों की न्यूनतम संख्या निर्धारित की गई है?
(क) सर्वोच्च न्यायालय के न्यायाधीशों की न्यूनतम संख्या निर्धारित नहीं है
(ख) सर्वोच्च न्यायालय के न्यायाधीशों की न्यूनतम संख्या निर्धारित है
(ग) सर्वोच्च न्यायालय के न्यायाधीशों की न्यूनतम संख्या 10 निर्धारितहै
(घ) सर्वोच्च न्यायालय के न्यायाधीशों की न्यूनतम संख्या 15 निर्धारित है

585. भारत में सर्वोच्च न्यायालय को संविधान का संरक्षक कहा गया है, क्योंकि—

उत्तर के लिए कृपया पृष्ठ सं. 199 देखें।

(क) इसे संविधान के उपबंधों की व्याख्या के संबंध में अंतिम निर्णय देने का प्राधिकार है
(ख) इसे संविधान के उपबंधों की व्याख्या के संबंध में अंतिम निर्णय देने का प्राधिकार प्राप्त नहीं है
(ग) इसे संसद् द्वारा बनाए गए कानूनों की समीक्षा करने का अधिकार है
(घ) इसे हर न्यायालय द्वारा किए गए निर्णयों की समीक्षा करने का अधिकार है

586. संवैधानिक विषय पर निर्णय देने के लिए कम-से-कम सर्वोच्च न्यायालय के कितने न्यायाधीशों की बेंच होनी चाहिए?
(क) 9 (ख) 8
(ग) 7 (घ) 5

587. सर्वोच्च न्यायालय के न्यायाधीशों की नियुक्ति कौन करता है?
(क) प्रधानमंत्री (ख) राष्ट्रपति
(ग) लोकसभा अध्यक्ष (घ) उपराष्ट्रपति

588. सर्वोच्च न्यायालय के अन्य न्यायाधीशों की नियुक्ति करते समय राष्ट्रपति किससे परामर्श करता है?
(क) प्रधानमंत्री से
(ख) उपराष्ट्रपति से
(ग) प्रधानमंत्री एवं उनकी मंत्रिपरिषद् से
(घ) एक चयन समिति से, जिसमें मुख्य न्यायाधीश के अतिरिक्त सर्वोच्च न्यायालय के चार वरिष्ठतम न्यायाधीश होने चाहिए

589. निम्नलिखित में से कौन सा कथन गलत है?
(क) न्यायाधीशों की नियुक्ति के मामले में भारत में संविधान में कार्यपालिका को निरपेक्ष शक्ति प्रदान की गई है
(ख) संविधान में इस बात का कोई उल्लेख नहीं किया गया है कि सर्वोच्च न्यायालय के वरिष्ठतम न्यायाधीश को ही मुख्य न्यायाधिपति नियुक्त किया जा सकता है
(ग) एक चयन समिति से, जिसमें मुख्य न्यायाधीश के अतिरिक्त सर्वोच्च न्यायालय के चार वरिष्ठतम न्यायाधीश होने चाहिए
(घ) मुख्य न्यायाधीश सहित 26 न्यायाधीश हैं

उत्तर के लिए कृपया पृष्ठ सं. 200 देखें।

590. निम्नलिखित में से कौन सा कथन सही है?

(क) न्यायाधीशों की नियुक्ति के मामले में भारत में संविधान में कार्यपालिका को निरपेक्ष शक्ति प्रदान की गई है

(ख) संविधान में इस बात का कोई उल्लेख नहीं किया गया है कि सर्वोच्च न्यायालय के वरिष्ठतम न्यायाधीश को ही मुख्य न्यायाधिपति नियुक्त किया जा सकता है

(ग) न्यायाधीशों की नियुक्ति करने की राष्ट्रपति की शक्ति एक वास्तविक शक्ति है और इस मामले में वह मंत्रिमंडल की सलाह मानने के लिए बाध्य नहीं है

(घ) मुख्य न्यायाधीश सहित 28 न्यायाधीश हैं

591. निम्नलिखित में से कौन सा वक्तव्य सही नहीं है?

(क) संविधान में इस बात का कोई उल्लेख नहीं किया गया है कि सर्वोच्च न्यायालय के वरिष्ठतम न्यायाधीश को ही मुख्य न्यायाधिपति नियुक्त किया जा सकता है

(ख) मुख्य न्यायाधीश सहित 26 न्यायाधीश हैं

(ग) न्यायाधीशों की नियुक्ति करने की राष्ट्रपति की शक्ति एक वास्तविक शक्ति है और इस मामले में वह मंत्रिमंडल की सलाह मानने के लिए बाध्य नहीं है

(घ) एक चयन समिति से, जिसमें मुख्य न्यायाधीश के अतिरिक्त सर्वोच्च न्यायालय के चार वरिष्ठतम न्यायाधीश होने चाहिए

592. अप्रैल 1973 में वरिष्ठता क्रम की उपेक्षा करके सर्वोच्च न्यायालय का मुख्य न्यायाधीश किसे बनाया गया था?

(क) के.एस. हेगड़े (ख) अजित नाथ रे

(ग) एच.आर. खन्ना (घ) एम.एच. बेग

593. श्री एस.एम. सीकरी के बाद सर्वोच्च न्यायालय के न्यायाधीशों में वरिष्ठतम कौन न्यायाधीश था?

(क) एस.एन. ग्रोवर (ख) के. सुब्बाराव

(ग) जे.सी. शाह (घ) जे.एम. शेल्ट

594. सर्वोच्च न्यायालय के तीन वरिष्ठतम न्यायाधीशों सर्व श्री जे.एम. शेल्ट, के.एस. हेगड़े तथा एस.एन. ग्रोवर की वरिष्ठता की उपेक्षा कर अजित

उत्तर के लिए कृपया पृष्ठ सं. 200 देखें।

नाथ रे को मुख्य न्यायाधीश नियुक्त करने का क्या आधार था?

(क) विशुद्ध राजनीतिक आधार (ख) योग्यता

(ग) भाई-भतीजावाद (घ) सिफारिश

595. सन् 1977 में सर्वोच्च न्यायालय के किस न्यायाधीश की वरिष्ठता की उपेक्षा कर न्यायाधीश मिर्जा हमीदुल्ला बेग को मुख्य न्यायाधीश बनाया गया?

(क) के.एन. सिंह (ख) एच.आर. खन्ना

(ग) ए.एन. रे (घ) एम.एच. बेग

596. क्या किसी विश्वविद्यालय के प्रोफेसर को राष्ट्रपति सर्वोच्च न्यायालय का न्यायाधीश नियुक्त कर सकते हैं?

(क) हाँ, यदि वह राष्ट्रपति की दृष्टि में पारंगत विधिवेत्ता हो

(ख) नहीं

(ग) यदि वह एल.एल.एम. हो

(घ) यदि वह अनुभवी वकील भी हो

597. सर्वोच्च न्यायालय के किसी न्यायाधीश को पदच्युत करने में सबसे प्रमुख भूमिका किसकी रहती है?

(क) संसद् की (ख) लोकसभा अध्यक्ष की

(ग) प्रधानमंत्री की (घ) जनता की

598. उच्चतम न्यायालय से न्यायाधीशों को सिद्ध कदाचार या असमर्थता के आधार पर हटाने में किसकी प्रमुख भूमिका रहती है?

(क) उपराष्ट्रपति (ख) संसद्

(ग) प्रधानमंत्री (घ) लोकसभा अध्यक्ष

599. उच्चतम न्यायालय एक अभिलेख न्यायालय है, इसका क्या तात्पर्य है?

(क) ऐसे न्यायालय को केवल अभिलेखन करने का अधिकार है

(ख) ऐसे न्यायालय को अवमानना के लिए किसी व्यक्ति को दंड देने की भी शक्ति है

(ग) ऐसे न्यायालय को अवमानना के लिए किसी व्यक्ति को दंड देने की भी शक्ति नहीं है

(घ) ऐसे न्यायालय को गंभीर अपराध के लिए किसी व्यक्ति को दंड देने या मृत्युदंड देने की भी शक्ति है

उत्तर के लिए कृपया पृष्ठ सं. 200 देखें।

600. निम्नलिखित में से कौन सा कार्य न्यायालय की अवमानना करने वाला माना जाएगा?

(क) न्यायालय के किसी निर्णय, आदेश या रिट की अवज्ञा

(ख) न्यायालय में शोर मचाना

(ग) न्यायालय और न्यायाधीश को गालियाँ देना

(घ) न्यायालय में समय पर उपस्थित न होना

601. उच्चतम न्यायालय को निम्नलिखित पक्षकारों के बीच किस विवाद में प्रारंभिक अधिकारिता प्राप्त नहीं है?

(क) संघ और एक या एक से अधिक राज्यों के बीच किसी विवाद में

(ख) सरकार के विरुद्ध नागारिकों द्वारा प्रस्तुत मुकदमे

(ग) दो या दो से अधिक राज्यों के बीच विवाद में

(घ) संघ व कोई राज्य एक ओर तथा दूसरा राज्य दूसरी ओर

602. निम्नलिखित में से कौन सा विवाद सर्वोच्च न्यायालय की प्रारंभिक अधिकारिता के बाहर नहीं है?

(क) ऐसी संधि जो संविधान के आरंभ से पहले की गई तथा उसके बाद प्रवर्तन में है

(ख) वित्त आयोग को सौंपे हुए विषय से संबद्ध विवाद

(ग) अनुच्छेद-200 के अंतर्गत संघ और राज्य के बीच कुछ खर्चों के समायोजन से संबंधित विवाद

(घ) दो या दो अधिक राज्यों की बीच विवाद

603. मूल अधिकारों के उल्लंघन से संबंधित विवाद सर्वोच्च न्यायालय के किस अधिकारिता क्षेत्र से संबंधित है?

(क) क्षेत्राधिकार से बाहर है

(ख) अपीलीय अधिकारिता से संबंधित है

(ग) प्रारंभिक अधिकारिता से संबंधित है

(घ) परामर्शीय अधिकारिता से संबंधित है

604. इनमें से किस मामले में उच्चतम न्यायालय से राष्ट्रपति ने परामर्श माँगा था?

(क) गोलकनाथ मामले में (ख) बेरूबारी मामले में

(ग) बैंक राष्ट्रीयकरण मामले में (घ) केशवानंद भरती मामले में

उत्तर के लिए कृपया पृष्ठ सं. 200 देखें।

605. राष्ट्राध्यक्ष को न्यायापालिका द्वारा परामर्श देने का प्रावधान भारतीय संविधान में किस देश के संविधान से लिया गया है?

(क) ऑस्ट्रेलिया (ख) कनाडा

(ग) अमेरिका (घ) स्विट्जरलैंड

606. फौजदारी विवादों में उच्च न्यायालय के निर्णय की अपील सर्वोच्च न्यायालय में कब नहीं की जा सकती?

(क) उच्च न्यायालय ने अपील में किसी अभियुक्त के दोष-सिद्धि के आदेश को उलट दिया है और उसकी रिहाई का आदेश दे दिया है

(ख) यदि अपील प्रस्तुत होने पर व्यक्ति की उन्मुक्ति का आदेश रद्द कर उसे मृत्युदंड दे दिया हो

(ग) यदि उच्च न्यायालय यह प्रमाणित कर दे कि विवाद सर्वोच्च न्यायालय द्वारा विचार के योग्य है

(घ) उच्च न्यायालय ने अधीनस्थ न्यायालय से अभियोग विचारार्थ अपने पास मँगवाकर अभियुक्त को प्राणदंड दिया हो

607. सर्वोच्च न्यायालय का निम्नलिखित में कौन सा निर्णय मौलिक अधिकारों से संबंधित नहीं है?

(क) गोलकनाथ बनाम पंजाब राज्य

(ख) गोनाथ बनाम मद्रास राज्य

(ग) रमेश थापर बनाम मद्रास राज्य

(घ) राष्ट्रपति निर्वाचन का मामला, 1974

608. अपने किस निर्णय में सर्वोच्च न्यायालय ने संविधान के बुनियादी ढाँचे के सिद्धांत का प्रतिपादन किया?

(क) रमेश थापर बनाम मद्रास राज्य

(ख) गोलकनाथ बनाम पंजाब राज्य

(ग) केशवानंद भारती बनाम केरल राज्य

(घ) मिनर्वा मिल्स बनाम भारत सरकार

609. सर्वोच्च न्यायालय की निष्पक्षता एवं स्वतंत्रता के लिए निम्नलिखित में से क्या आवश्यक है?

(क) संसद् द्वारा न्यायाधीशों का चुनाव

(ख) वकील संघों द्वारा न्यायाधीशों का चुनाव

उत्तर के लिए कृपया पृष्ठ सं. 200 देखें।

(ग) जनता द्वारा न्यायाधीशों का चुनाव
(घ) सेवानिवृत्ति के बाद न्यायाधीशों के लिए अन्य कोई नियुक्ति स्वीकार करने पर प्रतिबंध

610. गोलकनाथ बनाम पंजाब राज्य के मामले में सर्वोच्च न्यायालय का निर्णय किस तरह का है?
(क) उदार प्रकृति का है (ख) तटस्थ प्रकृति का है
(ग) अनुदार प्रकृति का है (घ) तीनों में से कोई नहीं

611. सर्वोच्च न्यायालय ने अपने पूर्व निर्णयों को किस मामले में बदला था?
(क) गोलकनाथ मामले में (ख) मिनर्वा मिल्स मामले में
(ग) केशवानंद भारती मामले में (घ) रमेश थापर मामले में

612. भारतीय परिस्थितियों में कैसा सर्वोच्च न्यायालय चाहिए?
(क) निष्क्रिय और निषेधात्मक भूमिका अदा करता हो
(ख) सक्रिय और सकारात्मक भूमिका अदा करनेवाला
(ग) शीघ्र और निर्णय करनेवाला हो
(घ) मामलों को विलंबित करनेवाला हो

613. भारतीय न्याय-व्यवस्था का स्वरूप क्यों बदलता जा रहा है?
(क) क्योंकि लोग सक्रिय और क्रिया-प्रधान दृष्किोण अपनाने लगे हैं
(ख) क्योंकि लोग निष्क्रियता-प्रधान दृष्टिकोण अपनाने लगे हैं
(ग) क्योंकि लोग चाहते कुछ हैं तथा करते कुछ और हैं
(घ) क्योंकि लोग भ्रष्ट हो गए हैं

614. भारत में न्यायपालिका की स्थिति किन देशों से मिलती-जुलती है?
(क) जर्मनी और जापान से
(ख) इंग्लैंड और अमेरिका के बीच की है
(ग) इंग्लैंड और ऑस्ट्रेलिया से
(घ) स्विट्जरलैंड से

615. किस न्यायालय को न्यायिक पुनर्निरीक्षण की शक्ति प्राप्त नहीं है?
(क) उच्च न्यायालय को
(ख) जिला एवं सत्र न्यायालय को
(ग) उच्चतम न्यायालय को
(घ) दिल्ली उच्च न्यायालय को

उत्तर के लिए कृपया पृष्ठ सं. 200 व 201 देखें।

616. सन् 1986 के अधिनियम के अनुसार उच्चतम न्यायालय में मुख्य न्यायाधीश के अतिरिक्त अन्य न्यायाधीशों की कितनी संख्या है?
(क) 25 (ख) 23
(ग) 20 (घ) 19

617. उच्चतम न्यायालय का वह कौन सा मुख्य न्यायाधीश था, जिसे कार्यकारी राष्ट्रपति के रूप में कार्य करने का अवसर मिला?
(क) ज्ञानी जैल सिंह (ख) नीलम संजीव रेड्डी
(ग) एम. हिदायतुल्लाह (घ) शंकर दयाल शर्मा

618. राष्ट्रपति ने किस विवाद के बारे में सर्वोच्च न्यायालय से परामर्श माँगा था?
(क) राम जन्मभूमि विवाद (ख) कावेरी जल विवाद
(ग) कृष्ण जन्मभूमि विवाद (घ) अजहर मृत्युदंड प्रकरण

619. उच्च न्यायालय के अधिकार क्षेत्र को बढ़ाने या घटाने की शक्ति किसके पास है?
(क) राज्य विधानसभाओं के पास (ख) संसद् के पास
(ग) मुख्य न्यायाधीश पास (घ) राष्ट्रपति के पास

620. भारत में न्यायिक पुनर्विचार की अवधारणा किस पर आधारित है?
(क) विधि के शासन पर
(ख) विधि द्वारा स्थापित पद्धति पर
(ग) न्यायपालिका की स्वायत्तता पर
(घ) विधि की समुचित प्रक्रिया पर

621. 'हम संविधान के अंतर्गत हैं, किंतु संविधान वही है जो न्यायाधीश कहते है।' संयुक्त राज्य अमेरिका के अलावा निम्नलिखित में से किस देश पर यह बात लागू हो सकती है?
(क) पूर्व सोवियत रूस (ख) यू.के.
(ग) भारत (घ) स्विट्जरलैंड

622. निम्नलिखित में से कौन सा वक्तव्य न्यायिक पुनरीक्षा की सही परिभाषा करता है?
(क) न्यायालयों द्वारा विधि की वैधता की व्याख्या करने का प्राधिकार
(ख) न्यायालयों द्वारा विभिन्न प्रकार की रिटें जारी करने का प्राधिकार

उत्तर के लिए कृपया पृष्ठ सं. 201 देखें।

(ग) न्यायालयों द्वारा सरकार की गलतियाँ सुधारने का प्राधिकार

(घ) न्यायालयों द्वारा राजनीतिक अपराधियों को दंड देने का प्राधिकार

623. सर्वोच्च न्यायालय के अपीलीय अधिकार-क्षेत्र से संबंधित क्या है ?

(क) संवैधानिक मुकदमों में की गई अपीलें

(ख) संघ और राज्यों के मध्य विवादों का न्याय निर्णयन

(ग) सिविल, आपराधिक तथा संवैधानिक मुकदमों की अपीलें

(घ) राज्यों के मध्य विवादों का न्याय निर्णयन

624. भारत का उच्चतम न्यायालय सं. रा. अमेरिका के उच्चतम न्यायालय से किस रूप में भिन्न है ?

(क) देश के न्यायिका क्षेत्र में सर्वोच्च सत्ताधारी की भूमिका में

(ख) सलाहकार की भूमिका में

(ग) संविधान के संरक्षक की भूमिका में

(घ) अपने रिट अधिकार क्षेत्र में

625. इंग्लैंड में न्यायिक पुनर्विलोकन की व्यवस्था क्यों नहीं है ?

(क) संसद् कोई गलती नहीं करती

(ख) कार्यपालिका विधायिका के प्रति उत्तरदायी है

(ग) हाउस ऑफ लॉर्ड्स स्वयं एक न्यायिक संस्था है

(घ) इंग्लैंड में लिखित संविधान नहीं है

626. निम्नलिखित में कौन सा वक्तव्य सही नहीं है ?

(क) उच्चतम न्यायालय अभिलेख न्यायालय है

(ख) उच्चतम न्यायालय अपनी मानहानि के लिए दंड दे सकता है

(ग) उच्चतम न्यायालय के कार्य की खरी तथा उदारतापूर्ण आलोचना पर पाबंदी है

(घ) संविधान का अनुच्छेद-142 उच्चतम न्यायालय को परामर्श की अधिकारिता प्रदान करता है

627. उच्चतम न्यायालय के बारे में कौन सा कथन सही नहीं है ?

(क) दंड का निलंबन या क्षमादान देना

(ख) न्यायिक सक्रियता

(ग) लोकहित संबंधी मुकदमे सुनना

(घ) न्यायिक पुनरावलोकन की शक्ति का प्रयोग

उत्तर के लिए कृपया पृष्ठ सं. 201 देखें।

628. कौन से अनुच्छेद के अंतर्गत भारत का सर्वोच्च न्यायालय नागारिकों के मौलिक अधिकारों की रक्षा करता है?

(क) अनुच्छेद-31 (ख) अनुच्छेद-32

(ग) अनुच्छेद-35 (घ) अनुच्छेद-47

629. निम्नलिखित में से किस मामले में सर्वोच्च न्यायालय ने संसद् को मूल अधिकारों में संशोधन करने से रोक दिया था?

(क) शंकरी प्रसाद बनाम भारत सरकार

(ख) सज्जन सिंह बनाम राजस्थान राज्य

(ग) इंडियन एक्सप्रेस बनाम भारत संघ

(घ) गोलकनाथ बनाम पंजाब सरकार

630. भारत के नियंत्रक एवं महालेखा परीक्षक को निम्नलिखित में से कौन शपथ दिलवाता है?

(क) मुख्य न्यायाधीश (ख) राष्ट्रपति

(ग) प्रधानमंत्री (घ) लोकसभा अध्यक्ष

631. मान लीजिए, किसी कारणवश राष्ट्रपति के पद के रिक्त हो जाने के साथ-ही-साथ उपराष्ट्रपति का पद भी रिक्त हो जाता है, ऐसे समय कौन राष्ट्रपति के कार्यों का निर्वाह करेगा?

(क) किसी राज्य का राज्यपाल

(ख) प्रधानमंत्री

(ग) लोकसभा अध्यक्ष

(घ) सर्वोच्च न्यायालय का मुख्य न्यायाधीश

632. भारत के नियंत्रक एवं महालेखा परीक्षक की कार्यावधि क्या होती है?

(क) 6 वर्ष (ख) 9 वर्ष

(ग) 10 वर्ष (घ) 11 वर्ष

☐

उत्तर के लिए कृपया पृष्ठ सं. 201 देखें।

19

राज्यों की कार्यपालिका

633. भारत के कितने राज्यों में द्वि–सदनीय विधानमंडल अस्तित्व में है ?
   (क) चार राज्यों में (बिहार, कर्नाटक, उत्तर प्रदेश, जम्मू एवं कश्मीर)
   (ख) तीन राज्यों में (बिहार, महाराष्ट्र, उत्तर प्रदेश)
   (ग) दो राज्यों में (बिहार और जम्मू एवं कश्मीर)
   (घ) पाँच राज्यों में (बिहार, महाराष्ट्र, कर्नाटक, उत्तर प्रदेश, जम्मू एवं कश्मीर)

634. जब किसी राज्य की विधानसभा निलंबित होती है तो उसका बजट किसके द्वारा पारित किया जाता है ?
   (क) लोकसभा द्वारा
   (ख) संसद् द्वारा (लोकसभा और राज्यसभा)
   (ग) राज्यसभा द्वारा
   (घ) उस राज्य की विधान परिषद् द्वारा

635. किसी राज्य की कार्यपालिका कार्यवाही किसके नाम से की जाती है ?
   (क) मुख्यमंत्री (ख) विधानसभा अध्यक्ष
   (ग) राज्यपाल (घ) गृहमंत्री

636. राज्य मंत्रिपरिषद् की सदस्य संख्या कौन निर्धारित करता है
   (क) मुख्यमंत्री (ख) विधानसभाध्यक्ष
   (ग) राज्यपाल (घ) गृहमंत्री

637. मुख्यमंत्री पर भ्रष्टचार के लिए मुकदमा दायर करने के संबंध में कौन

उत्तर के लिए कृपया पृष्ठ सं. 201 देखें।

निर्णय करेगा ?

(क) विधानसभाध्यक्ष स्वविवेक के आधार पर अनुमति का निर्णय करेगा
(ख) राज्यपाल स्वविवेक के आधार पर अनुमति का निर्णय करेगा
(ग) प्रधानमंत्री स्वविवेक के आधार पर अनुमति का निर्णय करेगा
(घ) राष्ट्रपति स्वविवेक के आधार पर अनुमति का निर्णय करेगा

638. किसी भी राज्य की विधानसभा की अधिकतम सदस्य सीमा कितनी है ?
(क) 600 सदस्य (ख) 500 सदस्य
(ग) 400 सदस्य (घ) 395 सदस्य

639. चंडीगढ़ शासन के प्रमुख को क्या कहते हैं ?
(क) प्रशासक (ख) उपराज्यपाल
(ग) राज्यपाल (घ) मुख्यमंत्री

640. राज्य विधानसभा के सदन की बैठक के लिए गणपूर्ति कितनी होती है ?
(क) सदन की कुल सदस्य संख्या का बीसवाँ भाग
(ख) सदन की कुल सदस्य संख्या का पंद्रहवाँ भाग
(ग) सदन की कुल सदस्य संख्या का पाँचवाँ भाग
(घ) सदन की कुल सदस्य संख्या का दसवाँ भाग

641. विधान परिषद् साधारण विधेयक को अधिक-से-अधिक कितने समय तक रोक सकता है ?
(क) दो माह की देरी कर सकती है, विधेयक को रोक नहीं सकती
(ख) तीन माह की देरी कर सकती है, विधेयक को रोक नहीं सकती
(ग) चार माह की देरी कर सकती है, विधेयक को रोक नहीं सकती
(घ) छह माह की देरी कर सकती है, विधेयक को रोक नहीं सकती

642. चौदह दिन में विधान परिषद् द्वारा वित्त विधेयक न लौटाने पर क्या होगा ?
(क) वह राष्ट्रपति के पास भेजा जाएगा
(ख) वह दोनों सदनों द्वारा पारित माना जाएगा
(ग) वह उच्चतम न्यायालय के पास भेजा जाएगा
(घ) वह राज्यपाल के पास भेजा जाएगा

643. विधान परिषद् के सदस्यों का कार्यकाल कितने वर्ष के लिए होता है ?

उत्तर के लिए कृपया पृष्ठ सं. 201 देखें।

(क) 6 वर्ष (ख) 5 वर्ष
(ग) 4 वर्ष (घ) 2 वर्ष

644. विधान परिषद् के सदस्यों के लिए न्यूनतम आयु सीमा कितनी है?
(क) 45 वर्ष (ख) 40 वर्ष
(ग) 35 वर्ष (घ) 30 वर्ष

645. संकटकालीन स्थिति में केंद्रीय संसद् विधि द्वारा विधानसभा की अवधि कितने समय के लिए बढ़ा सकती है?
(क) एक बार में 6 माह बढ़ा सकती है
(ख) एक बार में 1 वर्ष बढ़ा सकती है
(ग) एक बार में 2 वर्ष बढ़ा सकती है
(घ) एक बार में 3 माह बढ़ा सकती है

646. विधान परिषद् के सदस्यों की न्यूनतम संख्या 40 है, लेकिन अपवादस्वरूप किस राज्य की विधान परिषद् के सदस्यों की संख्या इससे कम है?
(क) बिहार (ख) महाराष्ट्र
(ग) जम्मू एवं कश्मीर (घ) तमिलनाडु

647. विधान परिषद् के कम-से-कम कितने सदस्य तीन वर्ष के स्नातकों से मिलकर बने निर्वाचक मंडल द्वारा निर्वाचित होते हैं?
(क) 1/10 (ख) 1/8
(ग) 1/12 (घ) 1/4

648. विधान परिषद् कैसा सदन है
(क) दीर्घजीवी (ख) अस्थायी
(ग) अल्पजीवी (घ) स्थायी

649. विधान परिषद् के कितने सदस्य राज्य की विधानसभा द्वारा निर्वाचित होते है?
(क) 1/4 (ख) 1/5
(ग) 1/2 (घ) 1/3

650. राज्यपाल विधान परिषद् के लिए किस क्षेत्र से संबंधित व्यक्तियों को नामांकित नहीं कर सकता है?
(क) साहित्य (ख) कला
(ग) प्रेम (घ) विज्ञान

उत्तर के लिए कृपया पृष्ठ सं. 201 देखें।

651. विधानसभा का कार्यकाल कितना होता है ?

(क) 5 वर्ष (ख) 7 वर्ष

(ग) 6 वर्ष (घ) 4 वर्ष

652. निर्धारित समय से पूर्व विधानसभा का विघटन कौन कर सकता है ?

(क) प्रधानमंत्री (ख) मुख्यमंत्री

(ग) राज्यपाल (घ) राष्ट्रपति

653. विधान मंडल के किसी सदस्य की योग्यता और अयोग्यता संबंधी विवाद का निर्णय कौन करता है ?

(क) विधानसभाध्यक्ष

(ख) चुनाव आयोग के परामर्श से राज्यपाल

(ग) मुख्यमंत्री

(घ) मुख्य चुनाव आयुक्त

654. विधान परिषद् धन विधेयक को कितने दिनों तक रोक सकती है ?

(क) 14 दिन (ख) 12 दिन

(ग) 11 दिन (घ) 10 दिन

655. साधारण विधेयक का विधान परिषद् कब तक रोक सकती है ?

(क) 6 माह (ख) 5 माह

(ग) 4 माह (घ) 3 माह

656. किसी विधेयक को पुनर्विचार के लिए विधान परिषद् कब तक रोक सकती है ?

(क) 1 माह (ख) 2 माह

(ग) 3 माह (घ) 4 माह

657. किसी विधेयक पर यदि विधानसभा तथा विधान परिषद् में गतिरोध उत्पन्न हो जाए तो किसकी इच्छा मान्य होगी ?

(क) विधान परिषद् (ख) विधानसभा

(ग) लोकसभा (घ) राज्यसभा

☐

उत्तर के लिए कृपया पृष्ठ सं. 201 देखें।

20

राज्यपाल

658. किस अनुच्छेद के अंतर्गत राज्य के राज्यपाल को यह अधिकार दिया गया है कि उस राज्य की विधानसभा में आंग्ल-भारतीय समुदाय का प्रतिनिधित्व आवश्यक होने पर वह उस समुदाय के एक सदस्य का नाम निर्देशित कर सकेगा?

(क) अनुच्छेद-335 (ख) अनुच्छेद-334

(ग) अनुच्छेद-333 (घ) अनुच्छेद-332

659. भारतीय संविधान के अनुच्छेद-202 के अनुसार, राज्यपाल प्रत्येक वित्तीय वर्ष के संबंध में राज्य के विधानमंडल, सदन या सदनों के समक्ष उस राज्य के लिए प्राक्कलित प्राप्तियों और व्यय का जो विवरण रखवाएगा, उसे क्या कहा जाता है?

(क) लेखानुदान (ख) वार्षिक वित्तीय विवरण

(ग) उधारी (घ) आय-व्यय

660. किस समिति ने सिफारिश की थी कि यदि कोई व्यक्ति राज्य विधानसभा का सदस्य न हो तो उसे मुख्यमंत्री पद की शपथ नहीं दिलानी चाहिए?

(क) प्राक्कलन समिति (ख) सरकारिया आयोग

(ग) लेखानुदान समिति (घ) राज्यपाल समिति

661. राज्यपाल के रूप में किसी व्यक्ति का चयन करते समय राज्य के मुख्यमंत्री से प्रभावी सलाह लेने की प्रक्रिया को संविधान में शामिल करने की सिफारिश किसने की थी?

(क) प्रशासनिक सुधार आयोग (ख) राज्यपाल समिति

उत्तर के लिए कृपया पृष्ठ सं. 201 देखें।

(ग) ठक्कर आयोग (घ) सरकारिया आयोग

662. राज्यपाल किसके माध्यम से राज्य विधानसभा में राज्य का वार्षिक बजट पेश करता है?
(क) राज्य के मुख्यमंत्री (ख) राज्य के वित्तमंत्री
(ग) राज्य के गृहमंत्री (घ) राज्य के शिक्षामंत्री

663. राज्य की आकस्मिक निधि से व्यय की अनुमति कौन देता है?
(क) राज्यपाल (ख) मुख्यमंत्री
(ग) वित्तमंत्री (घ) गृहमंत्री

664. भारत के कितने संघ-शासित प्रदेशों में उपराज्यपाल की व्यवस्था है?
(क) एक (पुडुचेरी)
(ख) दो (दिल्ली, अंडमान निकोबार द्वीप समूह)
(ग) तीन (दिल्ली, दमन-दीव, अंडमान निकोबार द्वीप समूह)
(घ) चार (दिल्ली, दमन-दीव, पांडिचेरी, अंडमान निकोबार द्वीप समूह)

665. किस मामले में यह निर्धारित किया गया कि राज्यपाल का पद केंद्रीय सरकार के अधीन नियुक्त पद नहीं है और संविधान के अनुच्छेद-317-(घ) का प्रतिषेध उस पर लागू नहीं होगा?
(क) शंकरी प्रसाद बनाम भारत सरकार
(ख) सज्जन सिंह बनाम राजस्थान राज्य
(ग) इंडियन एक्सप्रेस बनाम भारत संघ
(घ) हरगोविंद बनाम रघुकुल

666. जिन बातों में संविधान के अधीन राज्यपाल से यह अपेक्षा की जाती है कि वह अपने कार्यों को स्वविवेक से करे, उन बातों को छोड़ कर राज्यपाल को अपने कार्यों का निर्वहन करने में सहायता और मंत्रणा देने के लिए एक मंत्रिपरिषद् होगी, यह व्यवस्था भारतीय संविधान के किस अनुच्छेद में है?
(क) अनुच्छेद-161 (1) (ख) अनुच्छेद-162 (1)
(ग) अनुच्छेद-163 (1) (घ) अनुच्छेद-164 (1)

667. किस राज्य के राज्यपाल ने वर्ष 1967-1981 तक की अवधि में 256 अध्यादेश जारी किए?
(क) बिहार (ख) उत्तर प्रदेश

उत्तर के लिए कृपया पृष्ठ सं. 201 व 202 देखें।

(ग) असम (घ) पश्चिम बंगाल

668. बिहार के राज्पाल ने वर्ष 1967-1981 के मध्य जारी 256 अध्यादेशों में से 69 को बार-बार जारी कर कितने वर्षों तक जीवित रखा?

(क) 1 से 14 वर्ष (ख) 5 से 15 वर्ष

(ग) 5 से 24 वर्ष (घ) 10 से 20 वर्ष

669. राज्यपालों के लिए मार्ग-निर्देशक सिद्धांत निर्धारित किए जाने चाहिए, यह किसकी अनुशंसा है?

(क) ठक्कर आयोग (ख) सरकारिया आयोग

(ग) राज्यपाल समिति (घ) प्रशासनिक सुधार आयोग

670. संविधान के अंतर्गत राज्यपाल की दोहरी भूमिका कौन सी है?

(क) राज्य प्रशासक और केंद्र के अभिकर्ता की भूमिका

(ख) राज्य के मुखिया और केंद्र के दूत की भूमिका

(ग) राज्य के प्रधान और केंद्र के प्रतिनिधि की भूमिका

(घ) राज्य के संवैधानिक अध्यक्ष और केंद्र के अभिकर्ता की भूमिका

671. निम्नलिखित में से कौन सी शक्तियाँ राज्यपाल को प्राप्त नहीं हैं, जबकि राष्ट्रपति को प्राप्त हैं?

(क) संकटकालीन शक्तियाँ (ख) राजनीतिक शक्तियाँ

(ग) सैनिक शक्तियाँ (घ) उपर्युक्त सभी

672. इनमें से किस राज्यपाल की भूमिका विवादास्पद नहीं रही?

(क) मदनलाल खुराना (ख) मोहनलाल सुखाड़िया

(ग) प्रकाश सिंह बादल (घ) धर्मवीर

673. ऐसे व्यक्ति का नाम बताइए जिसने राज्यपाल, उपराष्ट्रपति एवं राष्ट्रपति तीनों पदों पर कार्य किया?

(क) डॉ. जाकिर हुसैन (ख) भैरोंसिंह शेखावत

(ग) डॉ. एस. राधाकृष्णन (घ) डॉ. के.आर. नारायणन

674. राज्य की कार्यपालिका की शक्ति किसमें निहित है?

(क) मुख्यमंत्री में (ख) मंत्रिपरिषद् में

(ग) राज्यपाल में (घ) राष्ट्रपति में

675. राज्यपाल का पद कब गाड़ी के पाँचवें पहिए के समान बनकर रह गया था?

उत्तर के लिए कृपया पृष्ठ सं. 202 देखें।

(क) राजीव गांधी युग में (ख) वी.पी. सिंह युग में
(ग) इंदिरा गांधी युग में (घ) नेहरू युग में

676. राज्यपाल की नियुक्ति से संबंधित महत्त्वपूर्ण परंपरा क्या है?
(क) राज्यपाल की नियुक्ति से पूर्व संघीय सरकार संबंधित राज्य के मुख्यमंत्री से परामर्श ले लेती है
(ख) एक राज्य में किसी अन्य राज्य के निवासी को ही राज्यपाल नियुक्त किया जाता है
(ग) चुनावों में हारे हुए और सक्रिय राजनीति में असफल राजनीतिज्ञों को राज्यपाल के पद पर नियुक्त किया जाता है
(घ) किसी राज्यपाल को उसका कार्यकाल समाप्त हो जाने पर सामान्यत: पुन: नियुक्त नहीं किया जाता है

677. राज्य की संचित निधि किसके अधिकार में रहती है?
(क) मंत्रिपरिषद् (ख) विधानमंडल
(ग) मुख्यमंत्री (घ) राज्यपाल

678. उस राज्यपाल का नाम बताइए जिसे बर्खास्त किया गया?
(क) एस.एम. कृष्णा (ख) नारायण दत्त तिवारी
(ग) रोमेश भंडारी (घ) यूनुस सलीम

679. उस राज्यपाल का नाम बताइए जिसकी रिपोर्ट के बिना ही उसके राज्य में राष्ट्रपति शासन लागू कर दिया गया?
(क) के. शंकर नारायणन (ख) सुरजीत सिंह बरनाला
(ग) धर्मवीर (घ) एस.सी. जमीर

680. उस राज्यपाल का नाम बताइए जिसकी सलाह मानने से मुख्यमंत्री ने इनकार कर दिया?
(क) यूनुस सलीम (ख) डी.डी. ठाकुर
(ग) धनिकलाल मंडल (घ) संपूर्णानंद

681. इनमें से कौन सा वक्तव्य सही नहीं है?
(क) राज्यपाल की पदावधि प्रधानमंत्री की इच्छा पर निर्भर करती है
(ख) राज्यपाल की पदावधि राष्ट्रपति की इच्छा पर निर्भर करती है
(ग) सामान्यत: राज्यपाल का कार्यकाल पाँच वर्ष होता है
(घ) राज्यपाल मुख्यमंत्री को पद एवं गोपनीयता की शपथ दिलाता है

उत्तर के लिए कृपया पृष्ठ सं. 202 देखें।

682. राज्यपाल को कौन सी शक्ति प्राप्त नहीं है?
(क) मृत्युदंड का प्रतिलंबन
(ख) मृत्यु के दंडादेश के विरुद्ध क्षमादान
(ग) मृत्युदंड का परिहार एवं लघुकरण
(घ) इनमें से कोई नहीं

683. राज्यपाल की नियुक्ति कौन करता है?
(क) प्रधानमंत्री (ख) राष्ट्रपति
(ग) उपराष्ट्रपति (घ) केंद्रीय मंत्रिपरिषद्

684. पद का कार्यभार ग्रहण करने से पूर्व राज्यपाल किसके समक्ष शपथ लेता है?
(क) राष्ट्रपति
(ख) राज्य के उच्च न्यायालय के मुख्य न्यायाधीश
(ग) मुख्यमंत्री
(घ) उच्चतम न्यायालय के मुख्य न्यायाधीश

685. राज्यपाल अपने पद पर कब तक कार्य करता है?
(क) उपराष्ट्रपति के प्रसादपर्यंत
(ख) राष्ट्रपति के प्रसादपर्यंत
(ग) केंद्रीय मंत्रिपरिषद् के प्रसादपर्यंत
(घ) प्रधानमंत्री के प्रसादपर्यंत

686. निम्नलिखित में से राज्यपाल की स्वस्थ भूमिका कौन सी है?
(क) केंद्र के अभिकर्ता की
(ख) केंद्र एवं राज्य के मध्य कड़ी की
(ग) राज्य के संवैधानिक अध्यक्ष की
(घ) इनमें से कोई नहीं

687. किस राज्य में राज्यपाल शासन लागू करने का संवैधानिक प्रावधान है?
(क) उत्तर प्रदेश (ख) जम्मू एवं कश्मीर
(ग) बिहार (घ) दिल्ली

□

उत्तर के लिए कृपया पृष्ठ सं. 202 देखें।

21

राज्यों के उच्च न्यायालय

688. किस अनुच्छेद में संसद् को दो या अधिक राज्यों व केंद्र-शासित प्रदेशों के लिए संयुक्त उच्च न्यायालय की व्यवस्था करने का अधिकार दिया गया है?

(क) अनुच्छेद-233 (1) (ख) अनुच्छेद-232 (1)

(ग) अनुच्छेद-231 (1) (घ) अनुच्छेद-230 (1)

689. राज्यों में उच्च न्यायालय की स्थापना या इससे संबंधित व्यवस्था में परिवर्तन का अधिकार किसे दिया गया है?

(क) राष्ट्रपति को (ख) सर्वोच्च न्यायालय को

(ग) संसद् को (घ) राज्य विधानमंडल को

690. देश में कुल कितने उच्च न्यायालय कार्यरत हैं?

(क) 20 (ख) 21

(ग) 22 (घ) 26

691. उच्च न्यायालय के मुख्य न्यायाधीश की नियुक्ति राष्ट्रपति किसके परामर्श से करते हैं?

(क) देश के मुख्य न्यायाधीश

(ख) राज्य के राज्यपाल

(ग) प्रधानमंत्री एवं राज्य के मुख्यमंत्री

(घ) एक चयन समिति, जिसमें भारत के मुख्य न्यायाधीश और उनके दो वरिष्ठतम सहयोगी होते हैं

उत्तर के लिए कृपया पृष्ठ सं. 202 देखें।

692. उच्च न्यायालय के किसी न्यायाधीश का अन्य उच्च न्यायालय में स्थानांतरण करने का अधिकार किसे प्राप्त है ?

(क) राष्ट्रपति को

(ख) राष्ट्रपति को, सर्वोच्च न्यायालय के मुख्य न्यायाधीश की सलाह से

(ग) राष्ट्रपति को, प्रधानमंत्री की सलाह से

(घ) सर्वोच्च न्यायालय के मुख्य न्यायाधीश को

693. उच्च न्यायालय के न्यायाधीशों की सेवानिवृत्ति की उम्र क्या है ?

(क) 65 वर्ष (ख) 63 वर्ष

(ग) 62 वर्ष (घ) 60 वर्ष

694. उच्च न्यायालय के न्यायाधीशों की स्वतंत्रता को क्या प्रभावित कर सकता है ?

(क) न्यायालयों में न्यायाधीशों का अभाव

(ख) न्यायाधीशों का उनकी सहमति के बिना स्थानांतरण

(ग) न्यायालयों में मुकदमों की बढ़ती संख्या

(घ) श्रेष्ठ वकीलों द्वारा उच्च न्यायालय में न्यायाधीश बनना पसंद करना

695. उच्च न्यायालय के न्यायाधीश के लिए कौन सी योग्यता आवश्यक है ?

(क) एक या एक से अधिक उच्च न्यायालय में लगातार दस वर्षों तक अविक्त रह चुका हो

(ख) वह कम-से-कम दस वर्ष तक भारत के किसी क्षेत्र में न्याय संबंधी पद पर कार्य कर चुका हो

(ग) वह भारत का नागरिक हो

(घ) राष्ट्रपति की दृष्टि में पारंगत विधिवेत्ता हो

696. उच्च न्यायालय के अधिकार-क्षेत्र को बढ़ाने या घटाने की शक्ति किसके पास है ?

(क) उच्चतम न्यायालय के पास

(ख) संसद् के पास

(ग) राष्ट्रपति के पास

(घ) स्वयं उच्च न्यायालय के पास

697. किस आयोग ने सिफारिश की है कि उच्च न्यायालय के न्यायाधीशों का उनकी सहमति के बिना स्थानांतरण नहीं किया जाना चाहिए ?

उत्तर के लिए कृपया पृष्ठ सं. 202 देखें।

(क) ठक्कर आयोग ने
(ख) सरकारिया आयोग ने
(ग) राज्यपाल समिति ने
(घ) प्रशासनिक सुधार आयोग ने

698. बंदी प्रत्यक्षीकरण से क्या तात्पर्य है?
(क) कैदी को कानून के विरुद्ध जेल में रखा जाए और उसे समीपस्थ न्यायाधीश के समक्ष पेश किया जाए
(ख) कैदी को कानून के विरुद्ध जेल में न रखा जाए और उसे किसी न्यायाधीश के समक्ष पेश न किया जाए
(ग) कैदी को कानून के विरुद्ध जेल में न रखा जाए और उसे समीपस्थ न्यायाधीश के समक्ष पेश किया जाए
(घ) कैदी को कानून के विरुद्ध जेल में न रखा जाए और उसे सत्र न्यायाधीश के समक्ष पेश किया जाए

699. कौन सा लेख परमादेश तथा प्रतिषेध के गुणों का मिश्रण है?
(क) बंदी प्रत्यक्षीकरण (ख) अधिकार पृच्छा लेख
(ग) रिट (घ) उत्प्रेषण

700. अधिकार पृच्छा लेख द्वारा कोई व्यक्ति यदि गैर-कानूनी रूप से किसी पद या अधिकार का प्रयोग करता है, तो न्यायालय का क्या कर्तव्य है?
(क) उसे ऐसा करने से रोके (ख) तटस्थ बना रहे
(ग) उसे ऐसा करने से न रोके (घ) सजा दे

701. रिट निकालने की शक्ति किसे प्राप्त नहीं है?
(क) जिला न्यायालय को
(ख) सत्र न्यायालय को
(ग) उच्च न्यायालय को
(घ) जिला एवं सत्र न्यायालय को

702. किस आदेश द्वारा उच्च न्यायालय अधीनस्थ न्यायालय को ऐसा कार्य करने से रोक सकता है, जो उसके अधिकार-क्षेत्र में नहीं है?
(क) उत्प्रेषण आदेश (ख) परमादेश
(ग) अधिकार पृच्छा आदेश (घ) इनमें से कोई नहीं

703. किस आदेश द्वारा उच्च न्यायालय अधीनस्थ न्यायालय को किसी विशेष

उत्तर के लिए कृपया पृष्ठ सं. 202 देखें।

मुकदमे से संबंधित कागजों की जाँच करने के लिए इन्हें उस न्यायालय से अपने पास मँगवाने के लिए आदेश भेजता है ?

(क) उत्प्रेषण आदेश (ख) परमादेश

(ग) अधिकार पृच्छा आदेश (घ) प्रतिषेध आदेश

704. 'रिट' शब्द किस भाषा का है ?

(क) ग्रीक (ख) अंग्रेजी

(ग) लैटिन (घ) फ्रेंच

705. बंदी प्रत्यक्षीकरण आदेश जारी करने का अधिकार किसे प्राप्त है ?

(क) जिला एवं सत्र न्यायालय को

(ख) उच्च एवं उच्चतम न्यायालय को

(ग) मुंसिफ मजिस्ट्रेट को (घ) जिला कलेक्टर को

706. निम्नलिखित में से कौन सा वक्तव्य सही है ?

(क) भारत एक संघ राज्य है, तथापि इसमें इकहरी न्यायपालिका को अपनाया गया है

(ख) उच्च न्यायालय के अधीन जिला एवं सत्र न्यायालय हैं

(ग) सर्वोच्च न्यायालय के अधीन राज्यों के उच्च न्यायालय हैं

(घ) उपर्युक्त सभी

707. राज्यों में उच्च न्यायालय की स्थापना या इससे संबंधित व्यवस्था में परिवर्तन का अधिकार किसे प्राप्त है ?

(क) संसद् को (ख) राज्य विधानमंडल को

(ग) उच्चतम न्यायालय को (घ) राष्ट्रपति को

708. उच्च न्यायालय निम्नलिखित में से किसको असंवैधानिक घोषित कर सकता है, यदि वह संविधान के प्रतिकूल है ?

(क) संविधान संशोधन (ख) राज्य का कानून

(ग) केंद्रीय कानून (घ) उपर्युक्त सभी

709. उच्च न्यायालय का सेवानिवृत्त न्यायाधीश वकालत कर सकता है ?

(क) उच्चतम न्यायालय में

(ख) अंतरराष्ट्रीय न्यायालय में

(ग) अन्य राज्यों के उच्च न्यायालयों में, जिनका वह न्यायाधीश नहीं रह चुका है

उत्तर के लिए कृपया पृष्ठ सं. 202 देखें।

(घ) उपर्युक्त तीनों

710. उच्च न्यायालय के न्यायाधीशों के वेतन, भत्ते, पेंशन तथा छुट्टी के संबंध में नियम बनाने का अधिकार किसे प्राप्त है ?

(क) संसद् को (ख) राज्यपाल को

(ग) राज्य विधानमंडल को (घ) राष्ट्रपति को

711. सन् 1916 में स्थापित पटना उच्च न्यायालय की खंडपीठ कहाँ है ?

(क) गया में (ख) राँची में

(ग) भागलपुर में (घ) दरभंगा में

712. किस उच्च न्यायालय में न्यायाधीशों की संख्या सर्वाधिक है ?

(क) इलाहाबाद उच्च न्यायालय में

(ख) मध्य प्रदेश उच्च न्यायालय में

(ग) राजस्थान उच्च न्यायालय में

(घ) बंबई उच्च न्यायालय में

713. राजस्थान उच्च न्यायालय कहाँ पर स्थित है ?

(क) जोधपुर (ख) जयपुर

(ग) अजमेर (घ) उदयपुर

714. मध्य प्रदेश उच्च न्यायालय कहाँ पर स्थित है

(क) भोपाल (ख) ग्वालियर

(ग) जबलपुर (घ) सागर

715. बंबई उच्च न्यायालय कार्यक्षेत्र बताइए।

(क) महाराष्ट्र, दादर एवं नगर हवेली और दमन दीव

(ख) महाराष्ट्र, गोवा एवं नगर हवेली और दमन दीव

(ग) महाराष्ट्र, गोवा, दादर एवं दमन दीव

(घ) महाराष्ट्र, गोवा, दादर एवं नगर हवेली और दमन दीव

716. बंबई उच्च न्यायालय की खंडपीठ कहाँ स्थित हैं ?

(क) गोवा, दादर एवं नगर हवेली

(ख) दादर एवं नगर हवेली

(ग) नागपुर, पणजी एवं औरंगाबाद

(घ) गोवा एवं दमन दीव

717. गुवाहाटी उच्च न्यायालय की स्थापना कब हुई थी ?

उत्तर के लिए कृपया पृष्ठ सं. 202 व 203 देखें।

(क) सन् 1940 में (ख) सन् 1948 में
(ग) सन् 1949 में (घ) सन् 1950 में

718. पंजाब–हरियाणा उच्च न्यायालय कहाँ स्थित है ?
(क) चंडीगढ़ (ख) जालंधर
(ग) अमृतसर (घ) पटियाल

719. केरल उच्च न्यायालय कार्यक्षेत्र बताइए।
(क) केरल, लक्षद्वीप (ख) केरल, गोवा
(ग) केरल, लक्षद्वीप, अंडमान (घ) केरल, दमन दीव

□

उत्तर के लिए कृपया पृष्ठ सं. 203 देखें।

22

ग्राम पंचायतें और नगरपालिकाएँ

720. पंचायती राज अधिनियम, 1992 द्वारा संविधान में कौन सी अनुसूची जोड़ी गई ?

(क) 11वीं (ख) 10वीं

(ग) 9वीं (घ) 7वीं

721. पंचायती राज विषय किस सूची के अंतर्गत रखा गया है ?

(क) राज्य सूची के अंतर्गत (ख) समवर्ती सूची के अंतर्गत

(ग) संघ सूची के अंतर्गत (घ) इनमें से किसी में नहीं

722. भारतीय संविधान का कौन सा अनुच्छेद राज्य की सरकारों को ग्राम पंचायतों को संगठित करने का निर्देश देता है ?

(क) अनुच्छेद-38 (ख) अनुच्छेद-41

(ग) अनुच्छेद-46 (घ) अनुच्छेद-40

723. पंचायती राज संस्थाओं तथा नगर निगमों के लिए धन की व्यवस्था राज्य सरकार द्वारा किसकी सिफारिश पर की जाती है ?

(क) राज्य वित्त आयोग (ख) चुनाव आयोग

(ग) संघ वित्त आयोग (घ) राज्य वित्त निगम

724. संविधान के किस भाग में ग्राम पंचायतों की स्थापना की बात कही गई है ?

(क) भाग-8 (ख) भाग-5

(ग) भाग-4 (घ) भाग-2

725. पंचायती राज की दृष्टि से कौन सा महत्त्वपूर्ण प्रतिवेदन है ?

उत्तर के लिए कृपया पृष्ठ सं. 203 देखें।

(क) आनंदपुर साहिब प्रस्ताव प्रतिवेदन
(ख) प्रशासनिक सुधार आयोग प्रतिवेदन
(ग) बलवंतराय मेहता समिति प्रतिवेदन
(घ) सरकारिया आयोग प्रतिवेदन

726. लोकतांत्रिक विकेंद्रीयकरण का सुझाव किसने दिया था?
(क) बलवंतराय मेहता समिति ने
(ख) जयप्रकाश नारायण ने
(ग) विनोबा भावे ने (घ) महात्मा गांधी ने

727. वह कौन सा राज्य है, जिसने सर्वप्रथम पंचायती राज की शुरुआत की?
(क) केरल (ख) राजस्थान
(ग) उत्तर प्रदेश (घ) मध्य प्रदेश

728. बलवंतराय मेहता समिति प्रतिवेदन के अनुसार कौन सी महत्त्वपूर्ण संस्था है?
(क) ग्राम पंचायत (ख) सहकारी समिति
(ग) जिला परिषद् (घ) पंचायत समिति

729. पंचायती राज संस्थाओं में महिलाओं के लिए कितने आरक्षण का प्रावधान है?
(क) तीन-तिहाई (ख) दो-तिहाई
(ग) आधे से अधिक (घ) एक-तिहाई

730. पंचायती राज की आधारशिला क्या है?
(क) ग्रामसभा (ख) पंचायत समिति
(ग) जिला परिषद् (घ) ग्राम पंचायत

731. पंचायत समिति या क्षेत्र समिति का मुख्य निष्पादक कौन होता है?
(क) सरपंच (ख) खंड विकास अधिकारी
(ग) प्रधान (घ) जिला प्रमुख

732. जिला परिषद् का प्रमुख कार्य क्या है?
(क) ग्राम विकास (ख) सड़कें बनवाना
(ग) समन्वय एवं पर्यवेक्षण (घ) जनसुविधाएँ जुटाना

733. पंचायती राज की प्रमुख उपलब्धि क्या है?
(क) राजनीतिक चेतना का विकास (ख) ग्रामीण समृद्धि

उत्तर के लिए कृपया पृष्ठ सं. 203 देखें।

(ग) ग्रामीण एकता का विकास (घ) ग्राम विकास

734. पंचायती राज की प्रधान समस्या क्या है?
(क) अशिक्षा (ख) अंधविश्वास
(ग) गरीबी (घ) दलगत राजनीति

735. पंचायती राज के चुनावों में राजनीतिक दलों को खुले तौर से चुनाव चिह्नों के आधार पर भाग लेने का सुझाव किसका है?
(क) बलवंतराय मेहता समिति
(ख) सरकारिया आयोग
(ग) अशोक मेहता समिति (घ) सादिक अली समिति

736. पंचायती राज संस्थाओं के संगठन के दो स्तर होने का सुझाव किसका है?
(क) सादिक अली समिति (ख) अशोक मेहता समिति
(ग) राजमन्नार समिति (घ) सरकारिया आयोग

737. पंचायतों में महिलाओं के लिए स्थान आरक्षित करने की दृष्टि से संविधान संशोधन करने का सर्वप्रथम बीड़ा किसने उठाया?
(क) जवाहरलाल नेहरू (ख) इंदिरा गांधी
(ग) राजीव गांधी (घ) अटलबिहारी वाजपेयी

738. राजस्थान में पंचायती राज की स्थापना कब हुई?
(क) सन् 1959 में (ख) सन् 1958 में
(ग) सन् 1957 में (घ) सन् 1956 में

739. किस संवैधानिक संशोधन द्वारा पंचायती राज संस्थाओं को संवैधानिक दर्जा प्रदान किया गया है?
(क) 77वाँ संविधान संशोधन (ख) 76वाँ संविधान संशोधन
(ग) 74वाँ संविधान संशोधन (घ) 73वाँ संविधान संशोधन

740. निम्नलिखित में से कौन सी पंचायती राज संस्था नहीं है?
(क) जिला परिषद् (ख) नगर परिषद्
(ग) पंचायत समिति (घ) ग्राम पंचायत

741. पंचायत में सरपंच पद के वयस्क युवा उम्मीदवार के लिए कौन सी अर्हता आवश्यक है?
(क) उसे गाँव के बुजुर्गों का आशीर्वाद प्राप्त हो

उत्तर के लिए कृपया पृष्ठ सं. 203 देखें।

(ख) मतदाता सूची में उसका नाम हो

(ग) वह किसी राजनीतिक दल का सदस्य हो

(घ) वह गाँव का प्रमुख व्यापारी हो

742. बलवंतराय मेहता समिति प्रतिवेदन में पंचायती राज संस्थाओं को कितने स्तरों पर करने का सुझाव दिया गया?

(क) त्रि-स्तरीय (ख) चतुः-स्तरीय

(ग) पंच-स्तरीय (घ) दस-स्तरीय

743. गुजरात में पंचायती राज की स्थापना किस समिति की सिफारिश के आधार पर की गई?

(क) अशोक मेहता समिति (ख) आर.एल. पारीख समिति

(ग) राजमन्नार समिति (घ) बलवंतराय मेहता समिति

744. कौन सा गलत है?

(क) गुजरात-आर.एल. पारीख समिति

(ख) राजस्थान-नायक समिति

(ग) लोकतांत्रिक विकेंद्रीयकरण-बलवंतराय मेहता

(घ) ग्रामसभा वैधानिक दर्जा प्राप्त निकाय

745. 73वें संविधान संशोधन द्वारा पंचायती राज संस्थाओं का कार्यकाल कितने वर्ष रखा गया है?

(क) 2 वर्ष (ख) 4 वर्ष

(ग) 3 वर्ष (घ) 5 वर्ष

746. 73वें संविधान संशोधन के अनुसार, पंचायती राज संस्थाओं के लिए वित्त आयोग की नियुक्ति कौन करेगा?

(क) संबंधित राज्य का राज्यपाल (ख) मुख्यमंत्री

(ग) प्रधानमंत्री (घ) राष्ट्रपति

747. भारत में पंचायती राज का अध्ययन-अनुसंधान करने वाले विद्वान् का क्या नाम था?

(क) डॉ. मनमोहन सिंह (ख) रजनी कोठारी

(ग) यशपाल (घ) डॉ. इकबाल नारायण

748. 73वें संविधान संशोधन द्वारा पंचायती राज संस्थाओं के लिए किस तरह के चुनाव का प्रावधान किया गया है?

उत्तर के लिए कृपया पृष्ठ सं. 203 देखें।

(क) अप्रत्यक्ष (ख) प्रत्यक्ष एवं गुप्त मतदान
(ग) खुला मतदान (घ) गुप्त मतदान

749. भारत में किसके चुनाव में आरक्षित स्थानों को चक्रानुक्रम से भरे जाने का प्रावधान किया गया है?
(क) विधानसभा के चुनावों में (ख) राज्यसभा के चुनावों में
(ग) लोकसभा के चुनावों में
(घ) पंचायती राज संस्थाओं के चुनाव में

750. 73वें संविधान संशोधन के अनुसार पंचायती राज संस्थाओं में अध्यक्ष के कम-से-कम कितने पद महिलाओं के लिए आरक्षित किए गए है?
(क) दो-तिहाई पद (ख) एक-तिहाई पद
(ग) एक-चौथाई पद (घ) तीन-चौथाई पद

751. 73वें संविधान संशोधन द्वारा 11वीं अनुसूची में पंचायती राज संस्थाओं को कितने कार्य सौंपे गए हैं?
(क) 29 (ख) 24
(ग) 20 (घ) 19

752. राज्य निर्वाचन आयोग का प्रमुख कार्य है?
(क) राज्यसभा का निर्वाचन कराना
(ख) पंचायती राज संस्थाओं का निर्वाचन कराना
(ग) लोकसभा का निर्वाचन कराना
(घ) राष्ट्रपति का निर्वाचन कराना

753. 73वें संविधान संशोधन के अंतर्गत यदि पंचायती राज संस्थाओं को भंग कर दिया जाए तो भंग किए जाने की तारीख से कितने महीनों में निकाय का गठन कर लिया जाना चाहिए?
(क) 1 माह (ख) 3 माह
(ग) 4 माह (घ) 6 माह

754. भारतीय संविधान के किस भाग में पंचायती राज से संबंधित प्रावधान हैं?
(क) भाग-6 (ख) भाग-7
(ग) भाग-8 (घ) भाग-9

□

उत्तर के लिए कृपया पृष्ठ सं. 203 देखें।

23

संघ और राज्यों के बीच संबंध

755. संविधान के किस भाग में संघ और राज्यों के बीच संबंधों के प्रावधान किए गए हैं?

(क) भाग-10 (ख) भाग-12

(ग) भाग-16 (घ) भाग-11

756. संविधान के किस अनुच्छेद में संघ और राज्यों के बीच संबंधों के प्रावधान किए गए हैं?

(क) अनुच्छेद-245 (ख) अनुच्छेद-244

(ग) अनुच्छेद-243 (घ) अनुच्छेद-242

757. निम्नलिखित में से कौन सा पद केंद्र-राज्य विवाद का एक कारण रहा है?

(क) प्रधानमंत्री का पद (ख) मुख्यमंत्री का पद

(ग) राष्ट्रपति का पद (घ) राज्यपाल का पद

758. यदि राज्य सरकार केंद्र के निर्देशों का पालन न करे तो संविधान के किस अनुच्छेद के अंतर्गत कारवाई की जाएगी?

(क) अनुच्छेद-357 (ख) अनुच्छेद-356

(ग) अनुच्छेद-355 (घ) अनुच्छेद-354

759. केंद्र-राज्य संबंधों की जाँच करने के लिए तमिलनाडु सरकार द्वारा नियुक्त कौन सी समिति गठित की गई है?

(क) राजमन्नार समिति (ख) सरकारिया आयोग

(ग) चंदा समिति (घ) अशोक मेहता समिति

उत्तर के लिए कृपया पृष्ठ सं. 203 देखें।

760. संघ और राज्यों के बीच प्रशासकीय संबंध किन अनुच्छेदों में उल्लिखित हैं ?

(क) अनुच्छेद 256–261
(ख) अनुच्छेद 257–263
(ग) अनुच्छेद 258–264
(घ) अनुच्छेद 262–265

761. किस दल ने केंद्र-राज्य संबंधों के पुनर्गठन की माँग की है ?

(क) अकाली दल
(ख) कांग्रेस
(ग) भारतीय जनता पार्टी
(घ) बहुजन समाज पार्टी

762. किसके अनुसार केंद्र की सर्वोच्चता का सिद्धांत संघीय शक्ति का मुख्य आधार स्तंभ है ?

(क) सरकारिया आयोग
(ख) अशोक मेहता समिति
(ग) चंदा समिति
(घ) बलवंतराय मेहता समिति

763. संविधान के किस अनुच्छेद के अंतर्गत केंद्र सरकार राज्य सरकारों को निर्देश दे सकती हैं ?

(क) अनुच्छेद-255
(ख) अनुच्छेद-256
(ग) अनुच्छेद-257
(घ) अनुच्छेद-259

764. संघ के राजस्व स्रोत क्या हैं ?

(क) कृषि आयकर
(ख) रोजगार कर
(ग) निगम कर
(घ) संपत्ति कर

765. राज्य के राजस्व स्रोत क्या हैं ?

(क) निर्यात शुल्क
(ख) भू-राजस्व
(ग) सीमा शुल्क
(घ) संपत्ति कर

766. कावेरी जल विवाद का संबंध किन राज्यों के बीच है ?

(क) महाराष्ट्र और गुजरात
(ख) आंध्र प्रदेश और तमिलनाडु
(ग) गुजरात और राजस्थान
(घ) तमिलनाडु और कर्नाटक

767. वह कौन सा जल विवाद है, जिसने अंतरराज्यीय संबंधों के साथ-साथ केंद्र-राज्य संबंधों को भी चर्चा का विषय बना दिया था ?

(क) नर्मदा जल विवाद
(ख) कावेरी जल विवाद

उत्तर के लिए कृपया पृष्ठ सं. 203 देखें।

(ग) कृष्णा जल विवाद

(घ) गोदावरी जल विवाद

768. कृष्णा जल विवाद का संबंध किससे है ?

(क)महाराष्ट्र, गुजरात और आंध्र प्रदेश

(ख) केरल, कर्नाटक और आंध्र प्रदेश

(ग) महाराष्ट्र, कर्नाटक और आंध्र प्रदेश

(घ) महाराष्ट्र, कर्नाटक और आंध्र प्रदेश

769. इनमें से किस अनुच्छेद-356 के प्रयोग के बारे में सरकारिया आयोग की अनुशंसा नहीं है ?

(क) अनुच्छेद-356 का प्रयोग राज्यपाल की रिपोर्ट के बिना भी किया जा सकता है

(ख) अनुच्छेद-356 का प्रयोग बहुत कम तथा अंतिम उपाय के रूप में किया जाए

(ग) अनुच्छेद-356 का प्रयोग करने से पहले राज्य सरकार को चेतावनी दी जानी चाहिए

(घ) इनमें से कोई नहीं

770. किस प्रधानमंत्री के कार्यकाल में अंतरराज्यीय परिषद् का पहली बार गठन किया गया ?

(क) चंद्रशेखर (ख) पी.वी. नरसिंह राव

(ग) मोरारजी देसाई (घ) वी.पी. सिंह

771. इनमें से कौन सा कथन सरकारिया आयोग का निष्कर्ष है ?

(क) संविधान के मूल स्वरूप में कोई प्रबल परिवर्तन न तो उचित है और न ही आवश्यक

(ख) संविधान के मूल स्वरूप में जल्दी ही परिवर्तन किया जाए

(ग) संविधान के मूल स्वरूप में आमूल परिवर्तन किया जाना चाहिए

(घ) केंद्र-राज्य संबंधों में परिवर्तन करने के लिए संविधान सभा का गठन करना चाहिए

772. केंद्रीय संसद् राष्ट्रीय हित में राज्य सूची के विषयों पर कब कानून बना सकती है ?

(क) जब लोकसभा इस प्रकार का एक प्रस्ताव पारित-करे

उत्तर के लिए कृपया पृष्ठ सं. 203 व 204 देखें।

(ख) जब संसद् एक विशेष बहुमत का प्रस्ताव पारित करे

(ग) जब राज्ससभा इस प्रकार का एक प्रस्ताव पारित करे

(घ) जब राज्यसभा उपस्थित सदस्यों के दो-तिहाई विशेष बहुमत से एक प्रस्ताव पारित करे

773. संघ और राज्यों के बीच विधायी संबंधों का निरूपण किन अनुच्छेदों में किया गया है?

(क) अनुच्छेद 245-255 (ख) अनुच्छेद 248-256

(ग) अनुच्छेद 250-268 (घ) इनमें से कोई नहीं

774. निम्नलिखित में से केंद्र-राज्य संबंधों पर सरकारिया आयोग की सिफारिश कौन सी है?

(क) अनुच्छेद-356 को समाप्त कर दिया जाए

(ख) योजना आयोग और वित्त आयोग के बीच अधिक समन्वय जरूरी है

(ग) योजना आयोग को स्वायत्त संस्था बना दिया जाए

(घ) सुरक्षा बलों को राज्यों में उनकी इच्छा के विरुद्ध केंद्र तैनात न करे

775. भारत के संविधान में केंद्र और राज्यों के बीच किया गया शक्तियों का विभाजन किस उल्लिखित योजना पर आधारित है?

(क) मिंटो-मार्ले सुधार, 1909

(ख) मांटेयू चेम्सफोर्ड अधिनियम, 1919

(ग) भारत सरकार अधिनियम, 1935

(घ) भारतीय स्वाधीनता अधिनियम, 1947

776. भारतीय संविधान के अंतर्गत संघ और राज्यों के बीच शक्तियों का विभाजन किस देश की प्रेरणा पर आधारित है?

(क) ऑस्ट्रेलिया (ख) जर्मनी

(ग) जापान (घ) कनाडा

777. सरकारिया आयोग किनके बीच के संबंधों का पुनर्विलोकन करने हेतु बनाया गया था?

(क) प्रधानमंत्री और राष्ट्रपति

(ख) केंद्र और राज्य

(ग) न्यायापालिका और कार्यपालिका

उत्तर के लिए कृपया पृष्ठ सं. 204 देखें।

(घ) विधानमंडल और कार्यपालिका

778. वर्तमान में संपत्ति का अधिकार किस अनुच्छेद के अंतर्गत प्रदत्त है ?
(क) अनुच्छेद-300 (क) (ख) अनुच्छेद-300 (क)
(ग) अनुच्छेद-302 (क) (घ) अनुच्छेद-303 (क)

779. राज्यों के जल संबंधी विवादों का उल्लेख किस अनुच्छेद में किया गया है ?
(क) अनुच्छेद-261 (ख) अनुच्छेद-262
(ग) अनुच्छेद-263 (घ) अनुच्छेद-264

780. अनुच्छेद-263 में किस प्रकार की परिषद् के गठन का प्रावधान है ?
(क) मंत्रिपरिषद् (ख) राज्य परिषद्
(ग) अंतरराज्यीय परिषद् (घ) इनमें से कोई नहीं

781. अंतरराज्यीय परिषद् की स्थापना कब हुई ?
(क) 28 मई, 1990 (ख) 29 मई, 1990
(ग) 30 मई, 1990 (घ) 31 मई, 1990

782. परिषद् की साधारण सभा में कौन सम्मिलित नहीं था ?
(क) प्रधानमंत्री (ख) कैबिनेट मंत्री
(ग) मुख्यमंत्री (घ) राज्यपाल

783. गृहमंत्री की अध्यक्षता में इस परिषद् की स्थायी समिति का गठन कब किया गया ?
(क) वर्ष 1996 में (ख) वर्ष 1997 में
(ग) वर्ष 1998 में (घ) वर्ष 1999 में

784. अंतरराज्यीय परिषद् का पुनर्गठन कब किया गया ?
(क) 11 नवंबर, 1999 (ख) 12 नवंबर, 1999
(ग) 14 नवंबर, 1999 (घ) 15 नवंबर, 1999

785. परिषद् की छठी बैठक कब हुई थी, जिसमें राज्यों की वित्तीय हालत और देश की आंतरिक सुरक्षा प्रमुख मुद्दे थे ?
(क) 20 मई, 2003 (ख) 20 मई, 2002
(ग) 20 मई, 2001 (घ) 20 मई, 2000

□

उत्तर के लिए कृपया पृष्ठ सं. 204 देखें।

24

संघ और राज्यों के अधीन सेवाएँ

786. संविधान के अनुच्छेद-50 द्वारा राज्य की लोक सेवाओं में किन दो संरचनाओं को एक-दूसरे से पृथक् करने के लिए राज्य को निर्देश दिया गया है?
(क) न्यायपालिका को कार्यपालिका से मिलाने के लिए
(ख) न्यायपालिका को कार्यपालिका के समानांतर बनाने के लिए
(ग) न्यायपालिका को कार्यपालिका पर हावी बनाने के लिए
(घ) न्यायपालिका को कार्यपालिका से पृथक् करने के लिए

787. संविधान के किस अनुच्छेद के अंतर्गत अखिल भारतीय सेवाओं के गठन हेतु प्रावधान किए गए हैं?
(क) अनुच्छेद-315 (ख) अनुच्छेद-314
(ग) अनुच्छेद-313 (घ) अनुच्छेद-312

788. संविधान के किस अनुच्छेद के अंतर्गत प्रशासनिक अधिकरणों के गठन संबंधी प्रावधान किए गए हैं?
(क) अनुच्छेद-322(क) (ख) अनुच्छेद-323(क)
(ग) अनुच्छेद-322(क) (घ) अनुच्छेद-323(ख)

789. निम्नलिखित में से कौन सी अखिल भारतीय सेवा नहीं है?
(क) अखिल भारतीय प्रशासनिक सेवा (ख) भारतीय विदेश सेवा
(ग) भारतीय राजस्व सेवा (घ) भारतीय रेल सेवा

790. नई अखिल भारतीय सेवा के सूत्रपात के लिए क्या आवश्यक है?
(क) राज्यसभा द्वारा एक-तिहाई बहुमत से प्रस्ताव पारित करना

उत्तर के लिए कृपया पृष्ठ सं. 204 देखें।

(ख) राज्यसभा द्वारा एक-चौथाई बहुमत से प्रस्ताव पारित करना
(ग) राज्यसभा द्वारा आधे से अधिक बहुमत से प्रस्ताव पारित करना
(घ) राज्यसभा द्वारा दो-तिहाई बहुमत से प्रस्ताव पारित करना

791. अंतरराज्यीय परिषद् के गठन का उल्लेख संविधान के किस अनुच्छेद के अंतर्गत किया गया है?
(क) अनुच्छेद-356 (ख) अनुच्छेद-357
(ग) अनुच्छेद-358 (घ) अनुच्छेद-359

792. संविधान के किस अनुच्छेद द्वारा लोक सेवाओं को संरक्षण प्रदान किया गया है?
(क) अनुच्छेद-311 (ख) अनुच्छेद-312
(ग) अनुच्छेद-313 (घ) अनुच्छेद-314

793. भारतीय वन सेवा का गठन कब किया गया?
(क) सन् 1967 में (ख) सन् 1969 में
(ग) सन् 1966 में (घ) सन् 1968 में

794. अखिल भारतीय सेवाएँ किसकी देन है?
(क) जापान (ख) जर्मनी
(ग) कनाडा (घ) ब्रिटिश साम्राज्य

795. अखिल भारतीय सेवाओं के कर्मचारियों की भरती कौन करता है?
(क) केंद्र सरकार (ख) राज्य सरकार
(ग) प्रधानमंत्री (घ) राष्ट्रपति

796. भारतीय इंजीनियरिंग सेवा, भारतीय वन सेवा, भारतीय आयुर्विज्ञान सेवा, भारतीय सांख्यिकी सेवा और भारतीय आर्थिक सेवा आदि सेवाओं को अखिल भारतीय सेवाओं की सूची में किसके आधार पर सम्मिलित किया गया?
(क) अखिल भारतीय सेवा (संशोधन) अधिनियम, 1963 के आधार पर
(ख) अखिल भारतीय सेवा (संशोधन) अधिनियम, 1964 के आधार पर
(ग) अखिल भारतीय सेवा अधिनियम, 1965 के आधार पर
(घ) अखिल भारतीय सेवा अधिनियम, 1967 के आधार पर

797. प्रशासनिक सेवाओं के लिए त्रिस्तरीय अखिल भारतीय परीक्षा किसके द्वारा आयोजित की जाती है?

उत्तर के लिए कृपया पृष्ठ सं. 204 देखें।

(क) राज्य लोक सेवा आयोग (ख) रेल सेवा आयोग
(ग) संघ लोक सेवा आयोग (घ) वित्त

798. किसने भारत सरकार को यह निर्देश दिया है कि वह अखिल भारतीय न्यायिक सेवा की स्थापना के लिए कदम उठाए?
(क) उच्चतम न्यायालय ने
(ख) उच्च न्यायालय ने
(ग) संघ लोक सेवा आयोग ने
(घ) राज्य लोक सेवा आयोग ने

799. आयात-निर्यात और केंद्रीय उत्पाद शुल्क सेवा तथा प्रतिरक्षा विभागीय लेखा सेवा के लिए विभिन्न अधिकारियों की नियुक्ति किस प्रकार की सेवाओं के अंतर्गत की जाती है?
(क) अखिल भारतीय लेखा परीक्षा सेवा
(ख) अखिल भारतीय रेल सेवाएँ
(ग) अखिल भारतीय रक्षा सेवा
(घ) अखिल भारतीय लेखा निरीक्षण सेवाएँ

800. अखिल भारतीय प्रशासनिक सेवा के अंतर्गत चयनित उम्मीदवारों को कहाँ प्रशिक्षित किया जाता है?
(क) मैसूर में स्थापित प्रशासनिक शिक्षा केंद्र
(ख) देहरादून में स्थापित प्रशासनिक शिक्षा केंद्र
(ग) लखनऊ में स्थापित प्रशासनिक शिक्षा केंद्र
(घ) हैदराबाद में स्थापित प्रशासनिक शिक्षा केंद्र

801. विदेशों में कार्य करने के लिए अधिकारियों और कर्मचारियों को किस प्रकार की परीक्षाएँ उत्तीर्ण करनी पड़ती हैं?
(क) भारतीय वित्त सेवा की विभिन्न परीक्षाएँ
(ख) भारतीय रेल सेवा की विभिन्न परीक्षाएँ
(ग) भारतीय प्रशासनिक सेवा की विभिन्न परीक्षाएँ
(घ) भारतीय वैदेशिक सेवा की विभिन्न परीक्षाएँ

☐

उत्तर के लिए कृपया पृष्ठ सं. 204 देखें।

25

आयोगों का गठन

802. किस अनुच्छेद के अंतर्गत निर्वाचन आयोग का गठन किया जाता है?
(क) अनुच्छेद-322 (ख) अनुच्छेद-323
(ग) अनुच्छेद-324 (घ) अनुच्छेद-325

803. किस अनुच्छेद के अंतर्गत राष्ट्रीय अनुसूचित जाति और अनुसूचित जनजाति आयोग के गठन का प्रावधान है?
(क) अनुच्छेद-335 (ख) अनुच्छेद-336
(ग) अनुच्छेद-337 (घ) अनुच्छेद-338

804. योजना आयोग का अध्यक्ष कौन होता है?
(क) उपराष्ट्रपति (ख) प्रधानमंत्री
(ग) राष्ट्रपति (घ) गृह मंत्री

805. संघ लोक सेवा आयोग के कार्यों का उल्लेख भारतीय संविधान के किस अनुच्छेद में किया गया है?
(क) अनुच्छेद-320 में (ख) अनुच्छेद-321 में
(ग) अनुच्छेद-322 में (घ) अनुच्छेद-323 में

806. किस आयोग ने सिफारिश की कि राष्ट्रीय विकास परिषद् का नाम बदलकर राष्ट्रीय एवं आर्थिक विकास परिषद् कर दिया जाए?
(क) ठक्कर आयोग (ख) चुनाव आयोग
(ग) सरकारिया आयोग (घ) वित्त आयोग

807. भारतीय संविधान के किस अनुच्छेद के अंतर्गत सन् 1990 में अंतरराज्यीय

उत्तर के लिए कृपया पृष्ठ सं. 204 देखें।

परिषद् के गठन की घोषणा की गई?

(क) अनुच्छेद-267 (ख) अनुच्छेद-263

(ग) अनुच्छेद-265 (घ) अनुच्छेद-264

808. भारतीय संविधान के किस अनुच्छेद के अंतर्गत वित्त आयोग के गठन का प्रावधान है?

(क) अनुच्छेद-279 (ख) अनुच्छेद-278

(ग) अनुच्छेद-281 (घ) अनुच्छेद-280

809. योजना आयोग के उपाध्यक्ष को भारत सरकार के वरीयता क्रम में किस मंत्री के समान दर्जा दिया गया है?

(क) राज्यमंत्री के समान (ख) कैबिनेट मंत्री के समान

(ग) उपराज्यमंत्री के समान (घ) मुख्यमंत्री के समान

810. निम्नलिखित में से कौन सा आयोग भारतीय संविधान की देन नहीं है?

(क) योजना आयोग (ख) चुनाव आयोग

(ग) संघ लोक सेवा आयोग (घ) वित्त आयोग

811. इनमें से योजना आयोग से सर्वाधिक प्रभावित कौन हुआ है?

(क) वित्त आयोग (ख) चुनाव आयोग

(ग) संघ लोक सेवा आयोग (घ) राष्ट्रीय महिला आयोग

812. संघ लोक सेवा आयोग का प्रमुख कार्य क्या है?

(क) प्रशासनिक अधिकारियों की भरती

(ख) कर्मचारियों की भरती

(ग) रेल अधिकारियों की भरती

(घ) पुलिस अधिकारियों की भरती

813. संघ लोक सेवा आयोग के अध्यक्ष की नियुक्ति कौन करता है?

(क) प्रधानमंत्री (ख) चुनाव आयुक्त

(ग) उपराष्ट्रपति (घ) राष्ट्रपति

814. संघ लोक सेवा आयोग के सदस्यों का कार्यकाल कितना है?

(क) 5 वर्ष तक अथवा 55 वर्ष की आयु तक

(ख) 6 वर्ष तक अथवा 60 वर्ष की आयु तक

(ग) 6 वर्ष तक अथवा 65 वर्ष की आयु तक

(घ) 5 वर्ष तक अथवा 62 वर्ष की आयु तक

उत्तर के लिए कृपया पृष्ठ सं. 204 देखें।

815. संघ लोक सेवा आयोग अपना प्रतिवेदन किसे सौंपता है?

(क) राष्ट्रपति को (ख) उपराष्ट्रपति को

(ग) प्रधानमंत्री को (घ) चुनाव आयुक्त को

816. दो या अधिक राज्यों के लिए संयुक्त लोक सेवा आयोग की नियुक्त का उपबंध कौन करेगा?

(क) चुनाव आयुक्त (ख) संसद्

(ग) राष्ट्रपति (घ) प्रधानमंत्री

817. राज्य लोक सेवा आयोग के अध्यक्ष की नियुक्ति कौन करता है?

(क) मुख्यमंत्री (ख) प्रधानमंत्री

(ग) राज्यपाल (घ) राष्ट्रपति

818. संविधान के किस अनुच्छेद द्वारा संघ और राज्यों के लिए लोक सेवा आयोग का प्रावधान किया गया है?

(क) अनुच्छेद-318 (ख) अनुच्छेद-315

(ग) अनुच्छेद-314 (घ) अनुच्छेद-313

819. योजना आयोग किस तरह की संस्था है?

(क) योजना निर्मात्री संस्था (ख) परामर्शदात्री संस्था

(ग) नियुक्ति कर्त्री संस्था (घ) सत्यापन कर्त्री संस्था

820. राष्ट्रपति कितने समयांतराल के पश्चात् वित्त आयोग का गठन करता है?

(क) प्रत्येक 20 वर्ष के पश्चात् (ख) प्रत्येक 15 वर्ष के पश्चात्

(ग) प्रत्येक 10 वर्ष के पश्चात् (घ) प्रत्येक 5 वर्ष के पश्चात्

□

उत्तर के लिए कृपया पृष्ठ सं. 204 देखें।

26

निर्वाचन

821. देश में चुनाव हेतु कौन सी मत पद्धति अपनाई जाती है?

(क) अप्रत्यक्ष चुनाव-पद्धति (ख) प्रत्यक्ष चुनाव-पद्धति

(ग) असमानुपातिक प्रतिनिधित्व (घ) समानुपातिक प्रतिनिधित्व

822. संविधान के किस अनुच्छेद के अंतर्गत निर्वाचन आयोग के गठन का प्रावधान है?

(क) अनुच्छेद-328 (ख) अनुच्छेद-326

(ग) अनुच्छेद-325 (घ) अनुच्छेद-324

823. निर्वाचन आयोग में मुख्य निर्वाचन आयुक्त के अतिरिक्त कितने अन्य सदस्य होते हैं?

(क) दो (ख) चार

(ग) तीन (घ) पाँच

824. निर्वाचन आयुक्त का कार्यकाल कितना रखा गया है?

(क) 6 वर्ष या 60 वर्ष की आयु (ख) 6 वर्ष या 65 वर्ष की आयु

(ग) 5 वर्ष या 58 वर्ष की आयु (घ) 5 वर्ष या 62 वर्ष की आयु

825. निर्वाचन आयोग का क्या कार्य है?

(क) मतदाता सूची तैयार करना

(ख) चुनावचिह्नआवंटित करना

(ग) चुनाव क्षेत्रों का परिसीमन

(घ) उपर्युक्त सभी

उत्तर के लिए कृपया पृष्ठ सं. 204 व 205 देखें।

826. निम्नलिखित में से निर्वाचन आयोग से संबंधित कौन सा वक्तव्य नहीं है ?
(क) निर्वाचन आयुक्तों का सेवानिवृत्ति कार्यकाल 10 वर्ष या 55 वर्ष है
(ख) निर्वाचन आयुक्तों का सेवानिवृत्ति कार्यकाल 6 वर्ष या 65 वर्ष है
(ग) निर्वाचन आयुक्तों का सेवानिवृत्ति कार्यकाल 6 वर्ष या 62 वर्ष है
(घ) निर्वाचन आयुक्तों का सेवानिवृत्ति कार्यकाल 5 वर्ष या 60 वर्ष है

827. निर्वाचन आयोग के संबंध में इनमें से क्या सही नहीं है ?
(क) नियुक्तिकर्ता निकाय (ख) यह सलाहकारी निकाय
(ग) चुनाव कराने वाला निकाय (घ) सत्यापनकर्ता निकाय

828. मुख्य निर्वाचन आयुक्त की नियुक्ति कौन करता है ?
(क) राष्ट्रपति (ख) उपराष्ट्रपति
(ग) प्रधानमंत्री (घ) संघ लोक सेवा आयोग

829. निर्वाचन आयोग का अध्यक्ष कौन होता है ?
(क) मुख्य निर्वाचन आयुक्त (ख) प्रधानमंत्री
(ग) उपराष्ट्रपति (घ) राष्ट्रपति

830. निम्नलिखित में से किसने मुख्य निर्वाचन आयुक्त पद पर कभी कार्य नहीं किया ?
(क) टी.एन. शेषन (ख) ब्रजेश मिश्र
(ग) डॉ. नगेंद्र सिंह (घ) मनोहर सिंह गिल

831. सन् 1977, 1980, 1989, 1991, 1996, 1998 आदि सभी चुनावों में भारत के मतदाताओं ने परिवर्तन के लिए मत दिया, अत: भारत के मतदाता किस श्रेणी में आएँगे ?
(क) प्रगतिशील (ख) विकासशील
(ग) रूढ़िवादी (घ) भ्रमित

832. लोकसभा के निर्वाचन क्षेत्रों का परिसीन कौन करता है ?
(क) चुनाव आयोग (ख) परिसीमन आयोग
(ग) योजना आयोग (घ) वित्त आयोग

833. भारत के प्रथम मुख्य चुनाव आयुक्त कौन थे ?
(क) एस. पी. सेन वर्मा (ख) सुकुमार सेन
(ग) डॉ. नगेंद्र सिंह (घ) के.वी.के. सुंदरम्

834. निम्नलिखित में से कौन निर्वाचन आयोग की अध्यक्ष (कार्यवाहक) थीं ?

उत्तर के लिए कृपया पृष्ठ सं. 205 देखें।

(क) सुषमा स्वराज (ख) गिरिजा व्यास
(ग) वी.एस. रमादेवी (घ) किरण बेदी

835. संविधान के अंतर्गत पहली बार निर्वाचन आयोग का गठन कब किया गया था ?
(क) सन् 1950 में (ख) सन् 1951 में
(ग) सन् 1952 में (घ) सन् 1954 में

836. सन् 1956 में सृजित उपनिर्वाचन आयुक्त के पद का उल्लेख किसमें किया गया है ?
(क) आरक्षण अधिनियम
(ख) जन प्रतिनिधित्व अधिनियम
(ग) पंचायती राज अधिनियम
(घ) अखिल भारतीय सेवा अधिनियम

837. मुख्य निर्वाचन आयुक्त में सन्निहित अधिकारों का प्रयोग उपनिर्वाचन आयुक्त और आयोग के सचिव भी कर सकते हैं, निर्वाचन संबंधी विधि में यह प्रावधान कब किया गया ?
(क) सन् 1965 में (ख) सन् 1966 में
(ग) सन् 1967 में (घ) सन् 1968 में

838. किस निर्वाचन आयुक्त ने दो नए चुनाव आयुक्तों की नियुक्ति तथा उन्हें मुख्य आयुक्त के बराबर अधिकार देने से संबंधित राष्ट्रपति के अध्यादेश की वैधता को चुनौती देते हुए सर्वोच्च न्यायालय में याचिका दायर की थी ?
(क) टी.एन. शेषन (ख) एम.एस. गिल
(ग) ए.एन. रे (घ) बी.बी. टंडन

839. आयुक्त की सेवानिवृत्ति कितनी उम्र में निर्धारित की गई है ?
(क) 60 वर्ष (ख) 62 वर्ष
(ग) 58 वर्ष (घ) 65 वर्ष

840. संवधान के किस अनुच्छेद में यह उल्लेख है कि मुख्य निर्वाचन आयुक्त की सहायता के लिए अन्य आयुक्तों की नियुक्ति की जा सकती है ?
(क) अनुच्छेद-322 (ख) अनुच्छेद-324
(ग) अनुच्छेद-325 (घ) अनुच्छेद-326

□

उत्तर के लिए कृपया पृष्ठ सं. 205 देखें।

27

कुछ वर्गों के संबंध में विशेष उपबंध

841. आंग्ल भारतीय समुदाय के लाभ के लिए शैक्षिक अनुदान की व्यवस्था संविधान के किस अनुच्छेद में की गई है?

(क) अनुच्छेद-334 (ख) अनुच्छेद-337

(ग) अनुच्छेद-338 (घ) अनुच्छेद-339

842. किस अनुच्छेद के अंतर्गत जम्मू एवं कश्मीर राज्य से संबंधित विशेष उपबंध हैं?

(क) अनुच्छेद-370 (ख) अनुच्छेद-371

(ग) अनुच्छेद-375 (घ) अनुच्छेद-374

843. भारत के किस राज्य का अपना अलग संविधान है?

(क) जम्मू एवं कश्मीर (ख) अरुणाचल प्रदेश

(ग) नागालैंड (घ) हिमाचल प्रदेश

844. पिछड़ी जातियों के आरक्षण के संबंध में निम्नलिखित में से कौन सा लक्षण तर्कसंगत नहीं है?

(क) गरीबी पिछड़ेपन की अवधारणा की एकमात्र कसौटी है

(ख) जाति पिछड़ेपन की अवधारणा की एकमात्र कसौटी है

(ग) अल्पसंख्यकता पिछड़ेपन की अपधारणा की एकमात्र कसौटी है

(घ) धर्म पिछड़ेपन की अवधारणा की एकमात्र कसौटी है

845. संविधान के किस भाग में अस्थायी संक्रमणकालीन और विशेष उपबंधों के प्रावधान हैं?

उत्तर के लिए कृपया पृष्ठ सं. 205 देखें।

(क) भाग-22 (ख) भाग-21
(ग) भाग-20 (घ) भाग-19

846. संविधान के किस अनुच्छेद के अंतर्गत नगालैंड राज्य के संबंध में विशेष उपबंधों का प्रावधान है ?
(क) अनुच्छेद-370 (क) (ख) अनुच्छेद-371 (क)
(ग) अनुच्छेद-371 (ग) (घ) अनुच्छेद-371 (ख)

847. काका कालेलकर की अध्यक्षता में प्रथम पिछड़ी जाति आयोग का गठन कब हुआ था ?
(क) सन् 1950 में (ख) सन् 1951 में
(ग) सन् 1952 में (घ) सन् 1953 में

848. प्रथम पिछड़ी जाति आयोग ने अपनी रिपोर्ट राष्ट्रपति को कब दी थी ?
(क) 20 मार्च, 1955 को (ख) 30 मार्च, 1955 को
(ग) 25 मार्च, 1956 को (घ) 31 मार्च, 1956 को

849. बी.पी. मंडल की अध्यक्षता में दूसरे पिछड़ी जाति आयोग का गठन कब किया गया था ?
(क) 22 सितंबर, 1978 (ख) 21 सितंबर, 1978
(ग) 20 सितंबर, 1978 (घ) 19 सितंबर, 1978

850. मंडल आयोग में कुल कितने सदस्य थे ?
(क) 7 (ख) 8
(ग) 6 (घ) 4

851. मंडल आयोग ने अपनी रिपोर्ट कब दी थी ?
(क) 29 दिसंबर, 1980 (ख) 30 दिसंबर, 1980
(ग) 28 दिसंबर, 1980 (घ) 31 दिसंबर, 1980

852. मंडल आयोग की प्रमुख सिफारिश क्या थी ?
(क) पिछड़ी जातियों के लिए शैक्षिक संस्थाओं के प्रवेशों में 50 प्रतिशत आरक्षण हो
(ख) पिछड़ी जातियों के लिए शैक्षिक संस्थाओं के प्रवेशों में 27 प्रतिशत आरक्षण हो

उत्तर के लिए कृपया पृष्ठ सं. 205 देखें।

(ग) पिछड़ी जातियों के लिए शैक्षिक संस्थाओं के प्रवेशों में 26 प्रतिशत आरक्षण हो

(घ) पिछड़ी जातियों के लिए शैक्षिक संस्थाओं के प्रवेशों में 25 प्रतिशत आरक्षण हो

853. संविधान का कौन सा अनुच्छेद अल्पसंख्यकों को अपनी मनपसंद शिक्षण संस्थाओं को स्थापित और संचालित करने का अधिकार देता है ?

(क) अनुच्छेद-33 (ख) अनुच्छेद-30

(ग) अनुच्छेद-32 (घ) अनुच्छेद-31

854. मुसलिम व्यक्तिगत कानून को अमल में लाने के संबंध में किस केस के कारण विवाद उत्पन्न हुआ था ?

(क) शहाबुद्दीन केस (ख) जेसिका केस

(ग) शाहबानो केस (घ) फूलन देवी

855. पंचायत के सभी स्तरों पर अनुसूचित जाति तथा अनुसूचित जनजाति के लिए आरक्षण की व्यवस्था किस आधार पर की गई है ?

(क) जाति के अनुपात में (ख) धर्म के अनुपात में

(ग) जनसंख्या के अनुपात में (घ) शिक्षा के अनुपात में

856. संविधान के किस भाग में कुछ वर्गों के संबंध में विशेष उपबंधों की व्यवस्था है ?

(क) भाग-16 (ख) भाग-18

(ग) भाग-19 (घ) भाग-177

□

उत्तर के लिए कृपया पृष्ठ सं. 205 देखें।

28

राजभाषा

857. अनुच्छेद–343 के अनुसार संघ की राजभाषा कौन सी है?

(क) हिंदुस्तानी (ख) हिंदी

(ग) पंजाबी (घ) अंग्रेजी

858. भारत में लोकसभा ने सरकारी भाषा अधिनियम पारित करके अंग्रेजी भाषा के प्रयोग के संदर्भ में क्या व्यवस्था की है?

(क) संघ की भाषा के रूप में अंग्रेजी का प्रयोग 10 वर्ष तक जारी रहेगा

(ख) संघ की भाषा के रूप में अंग्रेजी का प्रयोग 15 वर्ष तक जारी रहेगा

(ग) संघ की भाषा के रूप में अंग्रेजी का प्रयोग 20 वर्ष तक जारी रहेगा

(घ) संघ की भाषा के रूप में अंग्रेजी का प्रयोग अनिश्चित काल तक जारी रहेगा

859. संविधान के अंतर्गत राजभाषा आयोग का गठन कौन करता है?

(क) प्रधानमंत्री (ख) राष्ट्रपति

(ग) उपराष्ट्रपति (घ) संसद्

860. प्रथम राजभाषा आयोग का गठन कब किया गया था?

(क) सन् 1995 में (ख) सन् 1996 में

(ग) सन् 1999 में (घ) सन् 1998 में

861. प्रथम राजभाषा आयोग का अध्यक्ष कौन था?

(क) डॉ. धीरेंद्र वर्मा

(ख) डॉ. जगदीश प्रसाद चतुर्वेदी

उत्तर के लिए कृपया पृष्ठ सं. 205 देखें।

(ग) पं. विद्यानिवास मिश्र
(घ) श्री वी.जी. खेर

862. राजभाषा आयोग का प्रमुख कार्य क्या है?
(क) राष्ट्रपति से संघ के शासकीय प्रयोजन के लिए हिंदी के अधिक-से-अधिक प्रयोग आदि के संबंध में सिफारिश करना
(ख) राष्ट्रपति से शासकीय प्रयोजन के लिए अंग्रेजी के अधिक-से-अधिक प्रयोग आदि के संबंध में सिफारिश करना
(ग) राष्ट्रपति से शासकीय प्रयोजन के लिए हिंदुस्तानी के अधिक-से-अधिक प्रयोग आदि के संबंध में सिफारिश करना
(घ) राष्ट्रपति से शासकीय प्रयोजन के लिए उर्दू के अधिक-से-अधिक प्रयोग आदि के संबंध में सिफारिश करना

863. भारत में कितनी लिपियाँ प्रयोग में लाई जाती हैं?
(क) अधिकृत रूप से मान्यता प्राप्त 22 भाषाओं के लिए 11 प्रमुख लिपियों का प्रयोग होता है।
(ख) अधिकृत रूप से मान्यता प्राप्त 22 भाषाओं के लिए 12 प्रमुख लिपियों का प्रयोग होता है।
(ग) अधिकृत रूप से मान्यता प्राप्त 22 भाषाओं के लिए 13 प्रमुख लिपियों का प्रयोग होता है।
(घ) अधिकृत रूप से मान्यता प्राप्त 22 भाषाओं के लिए 15 प्रमुख लिपियों का प्रयोग होता है।

864. सबसे पहले पढ़ी गई भारतीय लिपि कौन सी थी?
(क) देवनागरी (ख) खरोष्ठी
(ग) ब्राह्मी (घ) गुरुमुखी

865. किस अनुच्छेद में यह प्रावधान किया गया है कि संघ की राजभाषा हिंदी और लिपि देवनागरी होगी?
(क) अनुच्छेद-343 (ख) अनुच्छेद-344
(ग) अनुच्छेद-345 (घ) अनुच्छेद-346

866. संविधान के किस अनुच्छेद में हिंदी भाषा के विकास के लिए निर्देश दिए गए हैं?

उत्तर के लिए कृपया पृष्ठ सं. 205 देखें।

(क) अनुच्छेद-356 (ख) अनुच्छेद-353
(ग) अनुच्छेद-352 (घ) अनुच्छेद-351

867. बिहार में बोली जानेवाली किस भाषा को संविधान की आठवीं अनुसूची में शामिल किया गया है ?
(क) भोजपुरी (ख) मैथिली
(ग) मगही (घ) सूर्यापुरी

868. भाषा समिति कुल कितने सदस्यों से मिलकर बनती है ?
(क) 30 (लोकसभा के 20 तथा राज्यसभा के 10 सदस्य)
(ख) 35 (लोकसभा के 20 तथा राज्यसभा के 15 सदस्य)
(ग) 40 (लोकसभा के 30 तथा राज्यसभा के 10 सदस्य)
(घ) 45 (लोकसभा के 40 तथा राज्यसभा के 15 सदस्य)

869. भाषा समिति का प्रमुख कार्य क्या होता है ?
(क) देश-विदेश में प्रचलित भाषाओं का सर्वेक्षण
(ख) राजभाषा में सुधार करना
(ग) देश-विदेश में प्रचलित भाषाओं का वर्गीकरण
(घ) राजभाषा आयोग द्वारा प्रस्तुत संस्तुतियों की परीक्षा करना और राष्ट्रपति को प्रतिवेदन देना

870. संविधान के किस अनुच्छेद में भाषा समिति के गठन आदि का उल्लेख किया गया है ?
(क) अनुच्छेद-344 (ख) अनुच्छेद-345
(ग) अनुच्छेद-346 (घ) अनुच्छेद-347

871. संविधान के किस अनुच्छेद में भाषायी अल्पसंख्यक वर्गों के बच्चों को उनकी मातृभाषा में शिक्षा के लिए उचित प्रबंध का निर्देश दिया गया है ?
(क) अनुच्छेद-350 (ख) अनुच्छेद-351
(ग) अनुच्छेद-352 (घ) अनुच्छेद-354

872. 'मुंशी-आयंगर सूत्र' से क्या अभिप्राय है ?
(क) के.एम. मुंशी और आयंगर ने राज्यपाल की नियुक्ति के लिए जिस सूत्र का विकास किया था, वह 'मुंशी-आयंगर सूत्र' के नाम से भी जाना जाता है
(ख) के.एम. मुंशी और आयंगर ने राष्ट्रपति की नियुक्ति के लिए जिससूत्र

उत्तर के लिए कृपया पृष्ठ सं. 205 देखें।

का विकास किया था, वह 'मुंशी-आयंगर सूत्र' के नाम से भी जाना जाता है

(ग) के.एम. मुंशी और आयंगर ने प्रधानमंत्री की नियुक्ति के लिए जिस सूत्र का विकास किया था, वह 'मुंशी-आयंगर सूत्र' के नाम से भी जाना जाता है

(घ) संविधान के राजभाषा संबंधी भाग को 'मुंशी-आयंगर सूत्र' के नाम से भी जाना जाता है

873. राजभाषा संबंधी प्रावधान संविधान के किस भाग में किया गया है?

(क) भाग-16 (ख) भाग-17

(ग) भाग-18 (घ) भाग-19

874. राजभाषा संबंधी भाग में कुल कितने अध्याय हैं?

(क) 4 (ख) 6

(ग) 7 (घ) 8

875. संविधान-सम्मत कुल कितनी राजभाषाएँ हैं?

(क) 22 (ख) 23

(ग) 21 (घ) 24

876. 'हिंदी दिवस' कब मनाया जाता है?

(क) 31 अक्तूबर (ख) 14 नवंबर

(ग) 25 दिसंबर (घ) 14 सितंबर

877. प्रथम विश्व हिंदी सम्मेलन कहाँ संपन्न हुआ था?

(क) दिल्ली (ख) त्रिनिडाड

(ग) नागपुर (घ) मॉरीशस

□

उत्तर के लिए कृपया पृष्ठ सं. 205 व 206 देखें।

29

आपात उपबंध

878. संविधान के अनुच्छेद–360 में वित्तीय आपात की घोषणा करने का प्रावधान है। इस अनुच्छेद के अंतर्गत अब तक कितनी बार वित्तीय आपात की घोषणा की गई है ?

(क) एक बार
(ख) दो बार
(ग) एक बार भी नहीं
(घ) तीन बार

879. भारतीय संविधान के अनुच्छेद–352 से 360 के बीच दिए गए उपबंधों को किस नाम से जाना जाता है ?

(क) न्यायपालिका
(ख) कार्यपालिका
(ग) मौलिक अधिकार
(घ) आपात उपबंध

880. युद्ध या बाह्य आक्रमण के कारण की गई आपातकाल की घोषणा का कितने दिनों के भीतर संसद् द्वारा अनिवार्यत: अनुमोदन हो जाना चाहिए ?

(क) एक मास के अंदर
(ख) दो मास के अंदर
(ग) तीन मास के अंदर
(घ) चार मास के अंदर

881. राष्ट्रीय आपात की घोषणा किस परिस्थिति में की जा सकती है ?

(क) लोकसभा चुनावों की स्थिति में
(ख) युद्ध या बाह्य आक्रमण अथवा सशस्त्र विद्रोह होने की स्थिति में
(ग) देश में आर्थिक संकट उत्पन्न होने की स्थिति में
(घ) अपनी कुर्सी खतरे में देखकर राष्ट्रपति या प्रधानमंत्री कभी भी राष्ट्रीय आपात की घोषणा कर सकता है

उत्तर के लिए कृपया पृष्ठ सं. 206 देखें।

882. आपात उद्घोषणा के संसद् द्वारा अनुमोदित होने के बाद एक बार में वह कितने समय तक प्रवर्तन में रहती है ?

(क) 6 माह तक (ख) 5 माह तक

(ग) 9 माह तक (घ) 10 माह तक

883. राष्ट्रीय आपात, वित्तीय आपात तथा राज्यों में आपात की घोषणा कौन करता है ?

(क) प्रधानमंत्री (ख) उपराष्ट्रपति

(ग) लोकसभा अध्यक्ष (घ) राष्ट्रपति

884. अनुच्छेद-352 के अंतर्गत घोषित आपातकाल को संसद् के विशेष बहुमत से इसकी स्वीकृति कब आवश्यक होगी ?

(क) बाहरी-भीतरी अशांति (ख) बाहरी अशांति

(ग) कभी नहीं (घ) आंतरिक अशांति

885. अनुच्छेद-352 के अंतर्गत घोषित आपातकाल को संसद् के विशेष बहुमत से इसकी स्वीकृति कितने समय में आवश्यक होगी ?

(क) 6 माह के अंदर (ख) 4 माह के अंदर

(ग) 2 माह के अंदर (घ) 1 माह के अंदर

886. अनुच्छेद-352 के अंतर्गत संकट की घोषणा किसके लिए की जा सकती है ?

(क) केवल एक राज्य के लिए

(ख) किसी एक महानगर के लिए

(ग) पूरे देश के लिए या देश के किसी एक या कुछ भागों के लिए

(घ) देश के कुछ भागों के लिए

887. आपातकाल में जीवन और शारीरिक स्वाधीनता के अधिकार को क्या नहीं किया जा सकेगा ?

(क) सुरक्षित (ख) समाप्त या सीमित

(ग) लागू (घ) इनमें से कोई नहीं

888. अनुच्छेद-352 के अंतर्गत संकटकाल की घोषणा कब नहीं की गई ?

(क) सन् 1965 में (ख) सन् 1966 में

(ग) सन् 1971 में (घ) सन् 1975 में

उत्तर के लिए कृपया पृष्ठ सं. 206 देखें।

889. आपातकाल की घोषणा औचित्यपूर्ण कब नहीं कही जाती है ?
(क) सन् 1999 में (ख) सन् 1975 में
(ग) सन् 1962 में (घ) सन् 1972 में

890. संसद् के द्वारा एक बार प्रस्ताव पारित कर राज्य में कब तक के लिए राष्ट्रपति शासन लागू किया जा सकता है ?
(क) 1 माह के लिए (ख) 6 माह के लिए
(ग) 7 माह के लिए (घ) 8 माह के लिए

891. संविधान लागू होने के उपरांत कितनी बार राष्ट्रीय आपातकाल की घोषणा की जा चुकी है ?
(क) तीन बार (ख) चार बार
(ग) पाँच बार (घ) सात बार

892. भारतीय संविधान के अंतर्गत आपात-उपबंध किस देश के संविधान से लिया गया है ?
(क) जर्मनी (ख) इंग्लैंड
(ग) जापान (घ) कनाडा

893. भारतीय संविधान के अनुच्छेद-352 के अंतर्गत बाह्य आक्रमण के आधार पर आपात की प्रथम उद्घोषणा कब की गई थी ?
(क) 20 अक्तूबर, 1962 (ख) 27 अक्तूबर, 1962
(ग) 26 अक्तूबर, 1962 (घ) 25 अक्तूबर, 1962

894. सर्वप्रथम किस प्रदेश में अनुच्छेद-356 का प्रयोग किया गया ?
(क) हरियाणा (ख) पंजाब
(ग) हिमाचल प्रदेश (घ) जम्मू एवं कश्मीर

□

उत्तर के लिए कृपया पृष्ठ सं. 206 देखें।

30

जम्मू एवं कश्मीर राज्य के संबंध में अस्थायी उपबंध

895. जम्मू एवं कश्मीर राज्य के संबंध में अस्थायी उपबंधों का प्रावधान किस अनुच्छेद में किया गया है?

(क) अनुच्छेद-368 (ख) अनुच्छेद-369

(ग) अनुच्छेद-370 (घ) अनुच्छेद-372

896. जम्मू एवं कश्मीर भारत संघ का एकमात्र ऐसा राज्य है, जिसका अपना पृथक् संविधान है। यह संविधान किस वर्ष अंगीकार और लागू किया गया?

(क) 1952 (ख) 1957

(ग) 1958 (घ) 1959

897. किस राज्य के प्रधान को प्रारंभ में 'सदरे रियासत' कहा जाता था?

(क) जम्मू एवं कश्मीर (ख) तमिलनाडु

(ग) आंध्र प्रदेश (घ) केरल

898. निम्नलिखित में से किसे विशेष राज्य का दर्जा दिया गया है?

(क) दिल्ली (ख) जम्मू एवं कश्मीर

(ग) उत्तर प्रदेश (घ) आंध्र प्रदेश

899. संविधान के किस अनुच्छेद के अनुसार जम्मू एवं कश्मीर राज्य को विशिष्ट दर्जा दिया गया है?

उत्तर के लिए कृपया पृष्ठ सं. 206 देखें।

(क) अनुच्छेद-372 (ख) अनुच्छेद-371
(ग) अनुच्छेद-373 (घ) अनुच्छेद-370

900. संविधान के किस अनुच्छेद के अंतर्गत राष्ट्रपति राज्य की सहमति के बिना जम्मू एवं कश्मीर में राष्ट्रीय आपात लागू नहीं कर सकता?
(क) अनुच्छेद-350 (ख) अनुच्छेद-351
(ग) अनुच्छेद-352 (घ) अनुच्छेद-355

901. संविधान के किस अनुच्छेद के अंतर्गत जम्मू एवं कश्मीर में वित्तीय आपात लागू नहीं होता?
(क) अनुच्छेद-364 (ख) अनुच्छेद-360
(ग) अनुच्छेद-359 (घ) अनुच्छेद-358

902. किस राज्य पर संविधान के नीति-निर्देशक तत्त्व लागू नहीं होते?
(क) दिल्ली (ख) आंध्र प्रदेश
(ग) अरुणाचल प्रदेश (घ) जम्मू एवं कश्मीर

903. जम्मू एवं कश्मीर राज्य के संबंध में अस्थायी उपबंधों का प्रावधान किस भाग में किया गया है?
(क) भाग-23 (ख) भाग-22
(ग) भाग-21 (घ) भाग-20

□

उत्तर के लिए कृपया पृष्ठ सं. 206 देखें।

31

राजस्व

904. संघ के राजस्व का स्रोत क्या नहीं है ?

(क) आयकर (ख) रिजर्व बैंक

(ग) निगम कर (घ) संपदा शुल्क

905. राज्यों के राजस्व का स्रोत क्या है ?

(क) निर्यात शुल्क

(ख) कृषि आय से भिन्न आय पर शुल्क

(ग) सीमा शुल्क

(घ) भू-राजस्व

906. भारत सरकार तथा राज्य सरकारों के हिसाब की जाँच कौन करता है ?

(क) नियंत्रक एवं महालेखा परीक्षक (ख) लेखा परीक्षक

(ग) वित्त सचिव (घ) वित्तमंत्री

907. विदेशों से धन उधार कौन ले सकता है ?

(क) राज्य सरकार (ख) संघ-शासित प्रदेश

(ग) संघ सरकार (घ) प्रधानमंत्री

908. 'योजना आयोग ने संघवाद को निरस्त कर दिया है'—यह किसका विचार है ?

(क) डॉ. लक्ष्मीमल्ल सिंघवी (ख) सुभाष कश्यप

(ग) विश्वनाथ (घ) अशोक चंद्रा

उत्तर के लिए कृपया पृष्ठ सं. 206 देखें।

909. संघ सरकार को आय-कर पर अधिभार नहीं लगाना चाहिए, यह किसका सुझाव है ?

(क) ठक्कर आयोग (ख) सरकारिया आयोग

(ग) वित्त आयोग (घ) योजना आयोग

☐

उत्तर के लिए कृपया पृष्ठ सं. 206 देखें।

32

संविधान में संशोधन

910. संविधान संशोधन की प्रक्रिया का वर्णन किस अनुच्छेद में किया गया है ?
(क) अनुच्छेद-370 (ख) अनुच्छेद-368
(ग) अनुच्छेद-367 (घ) अनुच्छेद-366

911. भूतकालीन प्रभाव से लागू होनेवाला पहला संविधान संशोधन अधिनियम कौन सा है ?
(क) 9वाँ संविधान अधिनियम, 1960
(ख) 10वाँ संविधान अधिनियम, 1961
(ग) 11वाँ संविधान अधिनियम, 1961
(घ) 12वाँ संविधान अधिनियम, 1962

912. किस अनुच्छेद के अंतर्गत संसद् को संविधान में संशोधन करने की शक्ति प्रदान की गई है ?
(क) अनुच्छेद-368 (ख) अनुच्छेद-370
(ग) अनुच्छेद-371 (घ) अनुच्छेद-372

913. संविधान संशोधन संबंधी प्रस्ताव कहाँ प्रस्तुत किया जा सकता है ?
(क) राष्ट्रपति के कार्यालय में
(ख) प्रधानमंत्री के कार्यालय में
(ग) राज्यों की विधान सभाओं में
(घ) संसद् में

914. दल-विरोधी कानून से संविधान का कौन सा संशोधन संबंधित है ?

उत्तर के लिए कृपया पृष्ठ सं. 206 देखें।

(क) 50वाँ संविधान संशोधन
(ख) 51वाँ संविधान संशोधन
(ग) 52वाँ संविधान संशोधन
(घ) 53वाँ संविधान संशोधन

915. भारतीय संविधान में संशोधन हेतु राज्य विधानमंडलों के पास क्या नहीं है?
(क) बहुमत नहीं है
(ख) संशोधन की योग्यता नहीं है
(ग) पहल की शक्ति नहीं है
(घ) संविधान का ज्ञान नहीं है

916. संपत्ति के अधिकार से संबंधित कौन सा संविधान संशोधन है?
(क) 40वाँ संविधान संशोधन (ख) 41वाँ संविधान संशोधन
(ग) 44वाँ संविधान संशोधन (घ) 45वाँ संविधान संशोधन

917. कौन सा संविधान संशोधन दल बदल पर रोक लगाता है?
(क) 50वाँ संविधान संशोधन (ख) 52वाँ संविधान संशोधन
(ग) 56वाँ संविधान संशोधन (घ) 55वाँ संविधान संशोधन

918. किस संविधान संशोधन के द्वारा मताधिकार की आयु 21 वर्ष से घटाकर 18 वर्ष कर दी गई?
(क) 61वाँ संविधान संशोधन (ख) 65वाँ संविधान संशोधन
(ग) 68वाँ संविधान संशोधन (घ) 67वाँ संविधान संशोधन

919. किस संशोधन द्वारा मूल कर्तव्यों को जोड़ा गया है?
(क) 49वाँ संविधान संशोधन (ख) 48वाँ संविधान संशोधन
(ग) 42वाँ संविधान संशोधन (घ) 40वाँ संविधान संशोधन

920. वह कौन सा संविधान संशोधन अधिनियम है, जिसके द्वारा गोलकनाथ के मामले में दिए गए निर्णय के प्रभाव को समाप्त कर दिया गया?
(क) 29वाँ संविधान संशोधन (ख) 24वाँ संविधान संशोधन
(ग) 23वाँ संविधान संशोधन (घ) 20वाँ संविधान संशोधन

921. किस संविधान संशोधन अधिनियम द्वारा यह स्पष्ट कर दिया गया है कि राष्ट्रपति मंत्रिमंडल की सलाह मानने के लिए बाध्य है?
(क) 49वें (ख) 46वें

उत्तर के लिए कृपया पृष्ठ सं. 206 देखें।

(ग) 45वें (घ) 42वें

922. 73वें संविधान संशोधन के प्रावधानों को समाज के किस वर्ग को सत्ता हस्तांतरण की दृष्टि से ऐतिहासिक कदम माना जाता है?

(क) पुरुष वर्ग (ख) युवा वर्ग

(ग) महिला वर्ग (घ) वृद्ध वर्ग

923. 73वें संविधान संशोधन द्वारा संविधान में कौन सी अनुसूची जोड़ी गई है?

(क) 11वीं अनुसूची (ख) 10वीं अनुसूची

(ग) 9वीं अनुसूची (घ) 8वीं अनुसूची

924. 73वें संविधान संशोधन के अंतर्गत पंचायती राज संस्थाओं में अध्यक्ष के कम-से-कम कितने पद महिलाओं के लिए आरक्षित हैं?

(क) एक-तिहाई पद

(ख) तीन चौथाई पद

(ग) क्षेत्र की कुल जनसंख्या के अनुपात में

(घ) दो-तिहाई पद

925. संविधान के किस भाग में संविधान संशोधन की प्रक्रिया का उल्लेख है?

(क) भाग-18 (ख) भाग-20

(ग) भाग-21 (घ) भाग-22

926. संविधान संशोधन की दृष्टि से भारतीय संविधान के बारे में कौन सा वक्तव्य सही है?

(क) कठोर होते हुए भी लचीला संविधान है

(ख) लचीला होते हुए भी कठोर संविधान है

(ग) लचीला होते हुए भी मुलायम संविधान है

(घ) संविधान असंशोधनीय है

927. किस संविधान संशोधन द्वारा यह निश्चित कर दिया गया है कि संसद् को संविधान के किसी भी उपबंध (जिसमें मौलिक अधिकार भी आते हैं) को संशोधन करने का अधिकार है?

(क) 22वाँ संविधान संशोधन (ख) 23वाँ संविधान संशोधन

(ग) 24वाँ संविधान संशोधन (घ) 28वाँ संवैधानिक संशोधन

928. कौन सा वक्तव्य सही नहीं है?

उत्तर के लिए कृपया पृष्ठ सं. 206 देखें।

(क) संशोधन विधेयक पर संसद् के दोनों सदनों में मतभेद होने पर संसद् के दोनों सदनों की संयुक्त बैठक का प्रावधान है
(ख) संशोधन विधेयक पर संसद् के दोनों सदनों में मतभेद होने पर राष्ट्रपति उसे अपनी विशेष शक्ति से पारित कर देता है
(ग) संशोधन विधेयक पर संसद् के दोनों सदनों में मतभेद होने पर राष्ट्रपति उसे अपनी विशेष शक्ति से निरस्त कर देता है
(घ) संशोधन विधेयक पर संसद् के दोनों सदनों में मतभेद होने पर भी लोकसभा की स्वीकृति ही पर्याप्त है

929. 26 जनवरी, 1950 को भारत का संविधान लागू हुआ। पहला संविधान संशोधन किस वर्ष हुआ?
(क) सन् 1949 में (ख) सन्1950 में
(ग) सन् 1951 में (घ) सन् 1959 में

930. संविधान में सन् 2007 तक कुल कितने संशोधन हुए हैं?
(क) 93 (ख) 97
(ग) 98 (घ) 99

931. भारतीय संविधान का सर्वाधिक व्यापक और सर्वाधिक विवादास्पद संवैधानिक संशोधन कौन सा है?
(क) 49वाँ संविधान संशोधन (ख) 48वाँ संविधान संशोधन
(ग) 46वाँ संविधान संशोधन (घ) 42वाँ संविधान संशोधन

932. संविधान संशोधंन के लिए विधेयक किस सदन में पेश किया जाता है?
(क) केवल लोकसभा में (ख) केवल राज्यसभा में
(ग) किसी भी सदन में (घ) दोनों सदनों में

933. कौन-सा अंश संसद् के दोनों सदनों के साधारण बहुमत से संशोधन किया जा सकता है?
(क) राज्यों का संसद् में प्रतिनिधित्व
(ख) राष्ट्रपति पद का निर्वाचन
(ग) नागरिकता
(घ) संविधान में संशोधन की पद्धति

934. किस संविधान संशोधन विधेयक द्वारा लोकसभा के कार्यकाल को छह वर्ष से घटाकर पाँच वर्ष कर दिया गया?

उत्तर के लिए कृपया पृष्ठ सं. 206 देखें।

(क) 40वें संविधान संशोधन द्वारा

(ख) 44वें संविधान संशोधन द्वारा

(ग) 46वें संविधान संशोधन द्वारा

(घ) 49वें संविधान संशोधन द्वारा

935. किस संविधान संशोधन में सिक्किम को पूर्ण राज्य का दर्जा दिया गया है ?

(क) 36वें संविधान संशोधन में

(ख) 37वें संविधान संशोधन में

(ग) 38वें संविधान संशोधन में

(घ) 39वें संविधान संशोधन में

936. 79वाँ संविधान संशोधन किससे संबंधित है ?

(क) महिला आरक्षण से

(ख) मृत्युदंड से

(ग) लोकसभा एवं राज्य विधानसभाओं में अनूसूचित जाति एवं जनजाति के लोगों के लिए आरक्षण से

(घ) बजट से

937. किस संविधान संशोधन द्वारा भारतीय संविधान में भाग-14 (क) तथा अनुच्छेद-323 (क)-(ख) जोड़कर प्रशासनिक अधिकरण के गठन तथा उसकी अधिकारिता के संबंध में प्रावधान किया गया ?

(क) 40वाँ संविधान संशोधन-1976

(ख) 41वाँ संविधान संशोधन-1976

(ग) 42वाँ संविधान संशोधन-1976

(घ) 43वाँ संविधान संशोधन-1977

938. किस संविधान संशोधन को 'लघु संविधान' कहा जाता है ?

(क) 40वाँ संविधान संशोधन

(ख) 41वाँ संविधान संशोधन

(ग) 42वाँ संविधान संशोधन

(घ) 45वाँ संविधान संशोधन

939. देशी नरेशों के प्रिवीपर्स और विशेषाधिकारों को किस संविधान संशोधन

उत्तर के लिए कृपया पृष्ठ सं. 207 देखें।

अधिनियम द्वारा समाप्त किया गया?

(क) 29वें संशोधन अधिनियम द्वारा

(ख) 27वें संशोधन अधिनियम द्वारा

(ग) 26वें संशोधन अधिनियम द्वारा

(घ) 23वें संशोधन अधिनियम द्वारा

940. किस संविधान संशोधन अधिनियम ने लोकसभा के सदस्यों की अधिकतम संख्या 545 निर्धारित की ?

(क) 31वें संशोधन ने (ख) 32वें संशोधन ने

(ग) 33वें संशोधन ने (घ) 34वें संशोधन ने

941. किस संविधान संशोधन में सिक्किम को पूर्ण राज्य का दर्जा दिया गया?

(क) 34वें संविधान संशोधन (1975) में

(ख) 35वें संविधान संशोधन (1975) में

(ग) 36वें संविधान संशोधन (1975) में

(घ) 37वें संविधान संशोधन (1975) में

□

उत्तर के लिए कृपया पृष्ठ सं. 207 देखें।

33

परिशिष्ट एवं अनुसूचियाँ

942. जमींदारी उन्मूलन कानून का प्रावधान संविधान की किस अनुसूची में किया गया है ?

(क) 7वीं अनुसूची में (ख) 8वीं अनुसूची में

(ग) 9वीं अनुसूची मे (घ) 10वीं अनुसूची में

943. राज्य सूची में अंकित कौन सी संख्या अब नहीं है ?

(क) 29 (ख) 19

(ग) 11 (घ) उपर्युक्त सभी

944. भारतीय संविधान की 7वीं अनुसूची किससे संबंधित है ?

(क) केंद्र-राज्य में आय के स्रोतों से

(ख) केंद्र-राज्य में शक्तियों के बँटवारे से

(ग) केंद्र-राज्य संबंधों से

(घ) केंद्र-राज्य के विवादों से

945. राष्ट्रपति द्वारा संविधान के अनुच्छेद-356 में प्रदत्त अपने अधिकारों का किसी राज्य के संबंध में प्रयोग करने पर क्या होता है ?

(क) राज्य सूची के विषयों पर कानून बनाने का अधिकार प्रधानमंत्री ले लेते हैं

(ख) राज्य सूची के विषयों पर कानून बनाने का अधिकार राज्यसभा ले लेती है

उत्तर के लिए कृपया पृष्ठ सं. 207 देखें।

(ग) राज्य सूची के विषयों पर कानून बनाने का अधिकार संसद् ले लेती है

(घ) राज्य सूची के विषयों पर कानून बनाने का अधिकार लोकसभा ले लेती है

946. भारत के संविधान में कुल कितने परिशिष्ट हैं?

(क) 5 (ख) 4

(ग) 3 (घ) 2

947. भारत के संविधान में कुल कितनी अनुसूचियाँ है?

(क) 9 (ख) 10

(ग) 11 (घ) 12

948. दल परिवर्तन के आधार पर निरर्हता के बारे में उपबंध किस अनुसूची में मिलता है?

(क) 12वीं अनुसूची में (ख) 11वीं अनुसूची में

(ग) 10वीं अनुसूची में (घ) 9वीं अनुसूची में

949. 8वीं अनुसूची किससे संबंधित है?

(क) भाषाओं से (ख) केंद्र से

(ग) नागरिकता से (घ) राज्य से

950. हमारे संविधान में समवर्ती सूची का विचार किस संविधान से ग्रहण किया गया है?

(क) इंग्लैंड (ख) जापान

(ग) जर्मनी (घ) ऑस्ट्रेलिया

951. समवर्ती सूची में कौन सा विषय है?

(क) विवाह और विवाह विच्छेद (ख) आरक्षण

(ग) प्रेम (घ) शिक्षा

952. समवर्ती सूची में कितने विषय हैं?

(क) 68 विषय (ख) 67 विषय

(ग) 66 विषय (घ) 65 विषय

953. संविधान का कौन सा अनुच्छेद संसद् को राज्य सूची के किसी विषय पर विधान बनाने की शक्ति देता है?

उत्तर के लिए कृपया पृष्ठ सं. 207 देखें।

(क) अनुच्छेद-245 (ख) अनुच्छेद-248
(ग) अनुच्छेद-249 (घ) अनुच्छेद-250

954. संघ सूची का विषय क्या नहीं है?
(क) सेना (ख) रेल
(ग) पुलिस (घ) युद्ध और शांति

955. राज्य सूची से हटाकर समवर्ती सूची में कौन सा विषय रखा गया है?
(क) कुआँ (ख) बाग-बगीचे
(ग) पोखर (घ) वन

956. कौन सा राज्य सूची का विषय नहीं है?
(क) पुलिस (ख) सीमा-कर
(ग) जेल (घ) न्याय

957. कौन सा समवर्ती सूची का विषय है?
(क) आर्थिक और सामाजिक नियोजन (ख) रिजर्व बैंक
(ग) जेल (घ) न्याय

958. भारतीय संविधान में समवर्ती सूची की प्रेरणा कहाँ से ली गई?
(क) स्विट्जरलैंड (ख) ऑस्ट्रेलिया
(ग) अमेरिका (घ) पूर्व सोवियत संघ

959. कौन सा संघ सूची का विषय है?
(क) न्याय
(ख) फौजदारी विधि और प्रक्रिया
(ग) सीमा-कर (घ) पुलिस

960. कौन सा राज्य सूची का विषय है?
(क) परिवार नियोजन (ख) न्याय
(ग) जनगणना (घ) श्रमिक संघ

961. 42वें संविधान संशोधन द्वारा समवर्ती सूची में कौन सा विषय जोड़ा गया है?
(क) जेल (ख) विदेशी ऋण
(ग) शिक्षा (घ) जनसंख्या नियंत्रण

962. असम, मेघालय, त्रिपुरा और मिजोरम राज्यों के जनजाति क्षेत्रों के प्रशासन

उत्तर के लिए कृपया पृष्ठ सं. 207 देखें।

के बारे में उपबंध किस अनुसूची में मिलते हैं?

(क) चौथी अनुसूची

(ख) पाँचवीं अनुसूची

(ग) छठी अनुसूची

(घ) सातवीं अनुसूची

963. तीन में से किसी भी अनुसूची में जो विषय गिनाए नहीं हैं, उन पर विधि बनाने की शक्तियों से संपन्न कौन सी सत्ता है?

(क) सर्वोच्च न्यायालय
(ख) उच्च न्यायालय
(ग) संघीय संसद्
(घ) राज्य विधानसभा

964. संविधान की किस अनुसूची में दल परिवर्तन के आधार पर अयोग्यता के बारे में उपबंध है?

(क) 7वीं अनुसूची
(ख) 8वीं अनुसूची
(ग) 9वीं अनुसूची
(घ) 10वीं अनुसूची

965. अनुसूचित जाति एवं जनजाति क्षेत्रों के प्रशासन के संबंध में प्रावधान संविधान की किस अनुसूची में किया गया है?

(क) 7वीं तथा 8वीं अनुसूची में

(ख) 5वीं तथा छठी अनुसूची में

(ग) 8वीं तथा 9वीं अनुसूची में

(घ) 10वीं तथा 11वीं अनुसूची में

□

उत्तर के लिए कृपया पृष्ठ सं. 207 देखें।

34

राष्ट्रीय प्रतीक

966. 3:2 आकार के केसरिया, सफेद व हरे रंग के ध्वज, जिस के बीच में 24 तीलियों वाला नीले रंग का चक्र होता है, को संविधान-सभा ने कब राष्ट्रीय ध्वज के रूप में अपनाया था?
   (क) 22 जुलाई, 1947 को (ख) 22 जुलाई, 1948 को
   (ग) 22 जुलाई, 1949 को (घ) 22 जुलाई, 1950 को

967. भारत का राजचिह्न क्या है?
   (क) पटना में स्थित अशोक की लाट। भारत सरकार ने इसे 26 जनवरी, 1950 को अपनाया। इस लाट के नीचे देवनागरी लिपि में 'मुंडकोनिषद्' का सूत्र 'सत्यमेव जयते' लिखा है
   (ख) सारनाथ में स्थित अशोक की लाट। भारत सरकार ने इसे 26 जनवरी, 1950 को अपनाया। इस लाट के नीचे देवनागरी लिपि में 'मुंडकोनिषद्' का सूत्र 'सत्यमेव जयते' लिखा है
   (ग) साँची में स्थित बौद्ध स्तूप। भारत सरकार ने इसे 26 जनवरी, 1950 को अपनाया। इस लाट के नीचे देवनागरी लिपि में 'मुंडकोनिषद्' का सूत्र 'सत्यमेव जयते' लिखा है
   (घ) सारनाथ में स्थित अशोक की लाट। भारत सरकार ने इसे 26 जनवरी, 1950 को अपनाया। इस लाट के नीचे देवनागरी लिपि में 'मुंडकोनिषद्' का सूत्र 'अहिंसा परमो धर्मः' लिखा है

968. भारत का राष्ट्रगान कौन सा है?

उत्तर के लिए कृपया पृष्ठ सं. 207 देखें।

(क) जन-गण-मन···
(ख) वंदे मातरम्···
(ग) मेरे देश की धरती···
(घ) सारे जहाँ से अच्छा हिंदोस्ताँ···

969. भारत का राष्ट्रगीत कौन सा है?
(क) वंदे मातरम्···
(ख) जन-गण-मन···
(ग) मेरे देश की धरती···
(घ) सारे जहाँ से अच्छा हिंदोस्ताँ···

970. राष्ट्रीय पंचांग कौन सा है?
(क) ईस्वी सन्
(ख) हिजरी
(ग) विक्रमी संवत्
(घ) ग्रिगेरियन कैलेंडर के साथ-साथ शक संवत् चैत्र, 365 दिन, इसे 22 मार्च, 1957 को अपनाया गया

971. राष्ट्रीय पशु कौन सा है?
(क) बाघ (पैंथर टाइग्रिस लिनियस) (ख) शेर
(ग) बबर शेर (घ) चीता

972. राष्ट्रीय पक्षी कौन सा है?
(क) उल्लू (ख) कौआ
(ग) मयूर (घ) गरुड़

973. राष्ट्रीय प्रतीक (राजचिह्न) का प्रयोग कहाँ किया जाता है?
(क) सभी सरकारी विज्ञापनों में
(ख) सभी सरकारी भवनों में
(ग) सभी सरकारी फाइलों में
(घ) सभी सिक्कों, रुपयों, सरकारी कागज-पत्रों तथा मुहरों पर

□

उत्तर के लिए कृपया पृष्ठ सं. 207 देखें।

35

संविधान समीक्षा आयोग

974. भारतीय संविधान की समीक्षा के लिए राष्ट्रीय आयोग के गठन की अधिसूचना कब जारी की गई?

(क) 22 फरवरी, 2000 (ख) 25 मार्च, 2000

(ग) 26 मई, 2000 (घ) 22 जून, 2000

975. संविधान समीक्षा आयोग में कितने सदस्य थे?

(क) 8 (ख) 9

(ग) 10 (घ) 11

976. पहली बार संविधान की समीक्षा कब की गई थी?

(क) सन् 1948-49 में (ख) सन् 1949-50 में

(ग) सन् 1950-51 में (घ) सन् 1953-54 में

977. संविधान की पहली समीक्षा का परिणाम किस रूप में सामने आया?

(क) 17वीं अनुसूची (ख) 8वीं अनुसूची

(ग) 9वीं अनुसूची (घ) 10वीं अनुसूची

978. संविधान की दूसरी बार समीक्षा कब की गई?

(क) सन् 1956 में (ख) सन् 1954 में

(ग) सन् 1952 में (घ) सन् 1951 में

979. संविधान की दूसरी समीक्षा किसने की थी

(क) कांग्रेस कार्यसमिति की एक उपसमिति ने

(ख) सरकारिया आयोग ने

उत्तर के लिए कृपया पृष्ठ सं. 207 व 208 देखें।

(ग) ठक्कर आयोग ने
(घ) सर्वोच्च न्यायालय ने

980. संविधान की तीसरी बार समीक्षा कब की गई?
(क) सन् 1970 में (ख) सन् 1969 में
(ग) सन् 1967 में (घ) सन् 1966 में

981. तीसरी समीक्षा का परिणाम किस रूप में सामने आया?
(क) 28वें संशोधन अधिनियम के रूप में
(ख) 26वें संशोधन अधिनियम के रूप में
(ग) 25वें संशोधन अधिनियम के रूप में
(घ) 24वें संशोधन अधिनियम के रूप में

982. संविधान की चौथी समीक्षा किसने की थी?
(क) स्वर्ण सिंह समिति ने (ख) सरकारिया आयोग ने
(ग) ठक्कर आयोग ने (घ) सर्वोच्च न्यायालय ने

983. संविधान की चौथी समीक्षा कब की गई थी?
(क) सन् 1978 में (ख) सन् 1977 में
(ग) सन् 1976 में (घ) सन् 1975 में

984. संविधान की पाँचवीं समीक्षा कब की गई थी?
(क) भाजपा के शासन काल में
(ख) इंदिरा गांधी के शासन काल में
(ग) राष्ट्रीय मोर्चा के शासन काल में
(घ) जनता पार्टी के शासन काल में

985. संविधान की छठी समीक्षा कब की गई थी?
(क) सन् 1987 में (ख) सन् 1986 में
(ग) सन् 1985 में (घ) सन् 1984 में

986. संविधान समीक्षा आयोग ने इनमें से किस विषय पर विचार नहीं किया?
(क) नौवीं अनुसूची (ख) महिला आरक्षण
(ग) संघ और राज्य संबंध (घ) मूल अधिकार

987. संविधान समीक्षा आयोग की विभिन्न संवैधानिक मुद्दों की जाँच के लिए

उत्तर के लिए कृपया पृष्ठ सं. 208 देखें।

कितनी विशेषज्ञ समितियों का गठन किया गया?

(क) 13 (ख) 12
(ग) 11 (घ) 10

988. संविधान समीक्षा आयोग का अध्यक्ष किसे नियुक्त किया गया?

(क) सुभाष कश्यप (ख) न्यायमूर्ति वेंकट चलैया
(ग) लक्ष्मीमल्ल सिंघवी (घ) पी.सी. सरकार

989. अध्यक्ष के अतिरिक्त संविधान समीक्षा आयोग में कितने सदस्य थे?

(क) 12 (ख) 11
(ग) 10 (घ) 8

990. संविधान समीक्षा आयोग की एकमात्र महिला सदस्य कौन थीं?

(क) सुषमा स्वराज (ख) सुमित्रा कुलकर्णी
(ग) गिरिजा व्यास (घ) मेनका गांधी

991. राष्ट्रीय संविधान समीक्षा आयोग ने अपना प्रतिवेदन कब दिया?

(क) 31 मार्च, 2002 (ख) 27 मार्च, 2002
(ग) 25 मार्च, 2002 (घ) 20 मार्च, 2002

992. राष्ट्रीय संविधान समीक्षा आयोग ने अपना प्रतिवेदन किसे सौंपा?

(क) राष्ट्रपति को (ख) प्रधानमंत्री को
(ग) उपराष्ट्रपति को (घ) केंद्रीय विधि मंत्री को

993. राष्ट्रीय संविधान समीक्षा आयोग का प्रतिवेदन कितने पृष्ठों में समाहित है?

(क) 2000 पृष्ठ (ख) 1980 पृष्ठ
(ग) 1976 पृष्ठ (घ) 1876 पृष्ठ

994. राष्ट्रीय संविधान समीक्षा आयोग ने अपने प्रतिवेदन में कुल कितनी सिफारिशें कीं?

(क) 242 (ख) 245
(ग) 249 (घ) 250

995. राष्ट्रीय संविधान समीक्षा आयोग ने संविधान में संशोधन के लिए कितनी अनुशंसाएँ कीं?

(क) 59 (ख) 57

उत्तर के लिए कृपया पृष्ठ सं. 208 देखें।

(ग) 58 (घ) 55

996. राष्ट्रीय संविधान समीक्षा आयोग ने विधायी कारखाई करने के लिए कितनी अनुशंसाएँ कीं?

(क) 86 (ख) 89

(ग) 90 (घ) 91

997. राष्ट्रीय संविधान समीक्षा आयोग ने 106 सुझाव किस लिए दिए?

(क) देश में स्वच्छ पर्यावरण के लिए

(ख) नदियों की सफ़ाई के लिए

(ग) कारखाई कार्यकारी के माध्यम से कार्यान्वित करने के लिए

(घ) भ्रष्टाचार-निवारण के लिए

998. राष्ट्रीय न्यायिक आयोग गठित करने का सुझाव किसने दिया था?

(क) अटलबिहारी वाजपेयी ने (ख) ठक्कर आयोग ने

(ग) संविधान समीक्षा आयोग ने (घ) सरकारिया आयोग ने

999. संविधान समीक्षा आयोग ने उच्चतम न्यायालय के न्यायाधीशों की सेवानिवृत्ति आयु कितनी करने की सिफारिश की है?

(क) 60 वर्ष (ख) 65 वर्ष

(ग) 68 वर्ष (घ) 69 वर्ष

1000. संविधान समीक्षा आयोग ने प्रेस की स्वतंत्रता को किस अनुच्छेद के अंतर्गत शामिल करने का सुझाव दिया है?

(क) अनुच्छेद-15 (ख) अनुच्छेद-16

(ग) अनुच्छेद-18 (घ) अनुच्छेद-19

□

उत्तर के लिए कृपया पृष्ठ सं. 208 देखें।

उत्तर-सूची

1. (ख) देश के शासन-प्रबंध से सम्बद्ध नियमों का एक दस्तावेज
2. (ग) भारत पर अंग्रेजों का उत्पीड़क शासन एवं स्वतंत्रता की चाह
3. (घ) व्यापार करने
4. (घ) ईस्ट इंडिया कंपनी
5. (घ) सन् 1599 में
6. (क) सन् 1600 से
7. (घ) सन् 1765 में मुगल सम्राट् शाहआलम से दीवानी का अधिकार प्राप्त कर
8. (ख) रेग्यूलेटिंग ऐक्ट, 1773 बनाया
9. (घ) एल.आर.बाली
10. (क) चार्टर ऐक्ट, 1813
11. (ख) चार्टर ऐक्ट, 1833
12. (क) भारत सरकार अधिनियम, 1858
13. (क) 1 नवंबर, 1858 को
14. (क) सन् 1861 में
15. (घ) भारतीय परिषद् ऐक्ट, 1861
16. (ख) सन् 1885 में
17. (ख) ए.ओ. ह्यूम
18. (ग) डब्ल्यू.सी. बनर्जी
19. (ख) 28-30 दिसंबर, 1885
20. (ग) भारतीय परिषद् ऐक्ट, 1909
21. (ग) 20 अगस्त, 1917 को
22. (ग) भारत में संवैधानिक सुधार संबंधी मांटेग्यू की रिपोर्ट पर
23. (ख) भारत शासन अधिनियम, 1919
24. (क) 8 नवंबर, 1927 को
25. (घ) नवंबर, 1930 में
26. (ग) भारत शासन ऐक्ट, 1935
27. (क) फरवरी, 1937
28. (घ) 8 अगस्त, 1940 को
29. (क) मार्च, 1942 में
30. (ख) 8 अगस्त, 1942
31. (ग) 25 जून, 1945
32. (घ) 15 मार्च, 1946
33. (ग) कैबिनेट मिशन, 1946
34. (घ) 24 अगस्त, 1946
35. (घ) 2 सितंबर, 1950
36. (ख) 18 जुलाई, 1947
37. (ख) ब्रिटिश शासन काल में
38. (ख) भारत की परिस्थितियाँ तथा जनता का स्वभाव संसदीय शासन व्यवस्था से भिन्न है
39. (ग) 1935 का अधिनियम
40. (ग) अनुच्छेद-330
41. (क) संविधान-रचना के लिए गठित जनता की एक

प्रातिनिधिक संस्था
42. (घ) कैबिनेट मिशन योजना
43. (ख) प्रांतीय विधानसभाओं ने
44. (क) जुलाई-अगस्त, 1946 में
45. (ग) 389
46. (घ) 296
47. (घ) 208
48. (ख) 93 देशी रियासतों से
49. (क) 9 दिसंबर, 1946
50. (ग) 207
51. (ख) दिल्ली में संसद् भवन के केंद्रीय कक्ष में
52. (घ) डॉ. सच्चिदानंद सिन्हा
53. (ग) आचार्य जे.बी. कृपलानी ने
54. (क) 11 दिसंबर, 1946
55. (घ) डॉ. राजेंद्र प्रसाद
56. (ख) 29 अगस्त, 1947
57. (ग) डॉ. भीमराव अंबेडकर
58. (ग) पश्चिम बंगाल
59. (ख) 30 अगस्त, 1947
60. (क) लॉर्ड माउंटबेटन
61. (ग) आचार्य जे.बी. कृपलानी
62. (ख) 13 दिसंबर, 1946
63. (ख) पं. जवाहरलाल नेहरू
64. (घ) 13-19 दिसंबर, 1946
65. (घ) भारतीय स्वतंत्रता अधिनियम, 1947
66. (क) डॉ. बी.एन. राव
67. (ग) भारत सरकार (या शासन) अधिनियम, 1935
68. (ग) 21 फरवरी, 1948
69. (ग) 26 अक्तूबर, 1948
70. (ग) 15 नवंबर, 1948
71. (ख) 16 नवंबर, 1949
72. (घ) 17 नवंबर, 1949
73. (ग) 26 नवंबर, 1949
74. (क) 24 जनवरी, 1950
75. (घ) 63,96,726 रुपए
76. (घ) सरदार वल्लभ भाई पटेल तथा पं. जवाहरलाल नेहरू
77. (क) राष्ट्रीय संपर्क भाषा
78. (ख) समझौते व समन्वय की भावना
79. (ख) 20
80. (ग) 395 अनुच्छेद
81. (क) 12
82. (क) 3
83. (घ) 2 वर्ष, 11 माह और 18 दिन
84. (क) 26 जनवरी, 1950
85. (क) लोकतंत्रात्मक गणराज्य
86. (ग) डॉ. राजेंद्र प्रसाद
87. (ख) सी. राजगोपालाचारी
88. (क) संयुक्त राज्य अमेरिका
89. (क) उच्चतम न्यायालय
90. (ग) शक्ति पृथक्करण
91. (ग) केशवानंद भारती बनाम केरल राज्य
92. (ग) राज्य का सर्वोच्च अधिकारी जनता द्वारा अप्रत्यक्ष रूप से निर्वाचित होता है
93. (ख) कार्यपालिका संसद् के प्रति उत्तरदायी है
94. (ग) संसदीय सर्वोच्चता और न्यायिक सर्वोच्चता के मध्यम मार्ग का अनुसरण करता है
95. (क) पंथनिरपेक्षता
96. (ख) संविधान-सभा वयस्क मताधिकार के आधार पर निर्वाचित नहीं हुई
97. (ग) दुर्बोध एवं अस्पष्ट भाषा
98. (ग) राष्ट्रपति के व्याख्यान

99. (घ) एकात्मक और संघात्मक दोनों
100. (क) के.सी. ह्वीयर
101. (ख) मॉरिस जोंस
102. (ग) के.सी. ह्वीयर
103. (क) के.सी. ह्वीयर
104. (क) नियोजन के परिप्रेक्ष्य में संघवाद का अध्ययन
105. (ख) मोरिस जोंस
106. (ग) मारकुस फ्रांडा
107. (क) अशोक चंद्रा
108. (घ) पॉल एपिलबी
109. (क) शक्ति-विभाजन पर जोर देना
110. (ग) शक्तियों का बँटवारा केंद्र के पक्ष में
111. (ख) न्याय व्यवस्था
112. (ख) योजना आयोग
113. (घ) एकात्मक संघवाद का प्रतिमान
114. (घ) केंद्राभिमुखी शक्तियों द्वारा
115. (घ) भारतीय संघ इकाइयों के बीच सहमति का परिणाम नहीं है
116. (ख) पूर्व यू.एस.एस.आर. (सोवियत संघ)
117. (ग) सौदेबाजीवाला संघवाद
118. (घ) एकात्मकता का है
119. (ख) के.सी. ह्वीयर
120. (क) अशोक चंदा
121. (ग) संविधान
122. (ख) कनाडा के संविधान का
123. (क) डॉ. बी.आर. अंबेडकर
124. (क) एकात्मकता
125. (क) भारत की जनता को
126. (ग) उच्चतम न्यायालय
127. (ख) हाँ
128. (क) 13 दिसंबर, 1946 को संविधान-सभा की बैठक में पं. जवाहरलाल नेहरू द्वारा प्रस्तुत उद्देश्य प्रस्ताव
129. (ग) भारत में लौकिक सार्वभौमिकता है
130. (घ) 26 नवंबर, 1949 को
131. (ख) 45वें संविधान संशोधन में
132. (क) 42वें संविधान संशोधन में
133. (घ) तीन—सामाजिक, आर्थिक और राजनीतिक
134. (ग) उद्देशिका या प्रस्तावना में
135. (क) उद्देशिका
136. (ग) उच्चतम, न्यायालय
137. (क) समाजवादी-पंथनिरपेक्ष
138. (घ) प्रस्तावना
139. (ग) राज्य विभिन्न धर्मों में से किसी एक के साथ पक्षपात न करे
140. (क) आर्थिक स्वतंत्रता
141. (घ) भारत की जनता में
142. (ग) सामाजिक, आर्थिक और राजनीतिक न्याय
143. (ख) धर्म और उपासना की स्वतंत्रता प्रतिष्ठा और अवसर की समता आदि
144. (ख) 562
145. (घ) उत्तरी गोलार्द्ध
146. (ख) एशिया
147. (क) 32,87,263 वर्ग किलोमीटर
148. (ग) 8 डिग्री 4′ और 37 डिग्री 6′ उत्तर अक्षांश और 68 डिग्री 7′ और 97 डिग्री 25′ पूर्वी देशांतर के मध्य
149. (ख) अनुच्छेद-393 में

150. (क) राज्यों का संघ
151. (ख) अनुच्छेद-3
152. (ख) भाषा
153. (ख) आंध्र प्रदेश
154. (ख) सन् 1953
155. (क) 16 राज्य तथा 3 केंद्र-शासित क्षेत्र
156. (ग) 16 मार्च, 1961 को
157. (क) 14 राज्य तथा 7 केंद्र-शासित क्षेत्र
158. (क) हृदयनाथ कुंजरू और के.एम. पणिक्कर
159. (घ) सन् 1956 में
160. (ख) संविधान अधिनियम, 1963
161. (ग) जम्मू एवं कश्मीर
162. (क) संसद्
163. (ख) गुजरात और महाराष्ट्र
164. (क) सन् 1961 में
165. (क) सन् 1966 में
166. (क) सन् 1971 में
167. (घ) मेघालय, मणिपुर और त्रिपुरा
168. (ग) सन् 1986 में
169. (ख) सन् 1986 में
170. (घ) सन् 1987 में
171. (क) मेघालय
172. (क) 1 नवंबर, 2000
173. (घ) उत्तराखंड
174. (ख) 9 नवंबर, 2000
175. (ग) 7
176. (क) 28
177. (ग) दिल्ली
178. (ख) संसद्
179. (ख) 11
180. (घ) गाडगिल फॉर्मूले के आधार पर
181. (ख) अधिक जनसंख्या
182. (ख) राष्ट्रपति द्वारा
183. (घ) भारत में वंशानुगत शासन नहीं है
184. (क) तमिलनाडु, आंध्र प्रदेश तथा केरल
185. (क) चंडीगढ़
186. (ख) अनुच्छेद-2
187. (घ) उपराज्यपाल
188. (ग) भाग-2, अनुच्छेद-5 से 11 तक
189. (ग) 5
190. (घ) सन् 1955 में
191. (ख) सन् 1986 में
192. (ग) अनुच्छेद-18 (3, 8)
193. (घ) अनुच्छेद-25-28
194. (क) अनुच्छेद-32
195. (ग) अनुच्छेद-39
196. (ग) अनुच्छेद-45
197. (क) विधि के समक्ष समता
198. (क) अनुच्छेद-17
199. (क) अनुच्छेद-19
200. (ख) अनुच्छेद-28 (2)
201. (ख) अनुच्छेद-24
202. (ख) अनुच्छेद-27
203. (ख) अनुच्छेद-12 में
204. (घ) अनुच्छेद-15 के अंतर्गत
205. (ग) भारतीय संसद्
206. (ख) पाँच
207. (ख) अनुच्छेद-25
208. (ग) व्यक्तिगत स्वतंत्रता व जीवन का अधिकार
209. (ख) अनुच्छेद-25
210. (घ) प्रांतीयतावाद को समाप्त कर राष्ट्रीयता की भावना का विकास करना

211. (घ) अमेरिका
212. (ग) मौलिक अधिकार अधिकांशत: सकारात्मक स्वरूप के हैं
213. (ख) मौलिक अधिकार असीमित हैं
214. (घ) होमरूल विधेयक
215. (क) द कॉमनवेल्थ ऑफ इंडिया बिल
216. (ख) 1931 के कराची अधिवेशन
217. (ख) डॉ. राजेंद्र प्रसाद
218. (ख) 6
219. (घ) संपत्ति का अधिकार
220. (घ) ब्रिटिश सामान्य विधि
221. (ख) अमेरिका
222. (ग) राज्य सभी व्यक्तियों के लिए एक-सा कानून बनाएगा तथा उन्हें एक समान लागू करेगा
223. (ख) विधि-शासित सरकार की स्थापना करना
224. (ख) आपात उद्घोषणा के अधीन
225. (घ) गोलकनाथ बनाम पंजाब
226. (घ) राष्ट्रपति को अनुच्छेद-21 द्वारा प्राण एवं दैहिक स्वाधीनता के अधिकार को भी निलंबित करने का अधिकार होगा
227. (क) मूल अधिकार व्यक्ति के विरुद्ध संरक्षण है
228. (ग) अनुच्छेद-32
229. (ख) समान कार्य के लिए समान वेतन
230. (ग) अनुच्छेद-19
231. (ख) प्रेस की स्वतंत्रता
232. (क) हड़ताल
233. (ग) हड़ताल की स्वतंत्रता
234. (ख) धर्मांतरण का
235. (क) परमादेश
236. (ख) अधिकार पृच्छा
237. (घ) 44वाँ संशोधन
238. (क) एक ही अपराध के लिए एक बार से अधिक न्यायिक काररवाई और दंड का भागी नहीं बनाया जा सकता
239. (घ) अभिव्यक्ति-स्वातंत्र्य
240. (ग) संवैधानिक संशोधन
241. (ग) संपत्ति रखने, खरीदने और बेचने की स्वतंत्रता
242. (ग) देश की संप्रभुता और अखंडता
243. (क) समानता का अधिकार
244. (ख) विधिक अधिकार
245. (ख) भाग-3 में
246. (घ) अनुच्छेद-19(1) (क) में
247. (क) भाग-3 को
248. (क) स्वत: समाप्त हो जाती है
249. (क) अनुच्छेद-51(क)
250. (ग) सन् 1976 में
251. (ख) स्वर्ण सिंह समिति ने
252. (क) भाग-4(क) में
253. (घ) किसी की नहीं
254. (ग) एम.सी. मेहता बनाम भारत संघ
255. (ग) अनुच्छेद-51(क) (क)
256. (ख) अनुच्छेद-51(क) (ख)
257. (क) अनुच्छेद-51(क) (ग)
258. (घ) भारतीय नागरिक का
259. (क) अनुच्छेद-51(क) (ङ)
260. (घ) अनुच्छेद-51(क) (च)
261. (ग) अनुच्छेद-51(क) (छ)
262. (ख) अनुच्छेद-51(क) (ज)
263. (क) अनुच्छेद-51(क) (झ)

264. (ग) अनुच्छेद-51(क) (ञ)
265. (क) पूर्व सोवियत संघ
266. (ख) 42वें संशोधन द्वारा
267. (ख) अल्पसंख्यकों की रक्षा करना
268. (घ) स्मारकों तथा राष्ट्रीय महत्त्व के स्थानों की रक्षा करना
269. (क) नागरिक मूल कर्तव्यों का पालन करेंगे
270. (क) 11
271. (क) भारतीय परंपरा, मिथक, धर्म और व्यवहार
272. (घ) अनुच्छेद-51क (ञ)
273. (ग) 86वें संवैधानिक संशोधन अधिनियम, 2002 द्वारा
274. (घ) नीति-निर्देशक सिद्धांत प्रवर्तनीय नहीं हैं, जबकि मौलिक अधिकार प्रवर्तनीय हैं
275. (क) भाग-4
276. (ख) डॉ. बी.आर. अंबेडकर
277. (घ) अनुच्छेद-16
278. (ख) अनुच्छेद-38
279. (ख) निर्देशक तत्त्वों में
280. (ख) चतुर्थ भाग में
281. (ग) अनुच्छेद-39
282. (क) निर्देशक सिद्धांतों का कानूनी महत्त्व है
283. (ख) निर्देशक तत्त्व
284. (ग) नीति-निर्देशक तत्त्व
285. (क) मौलिक अधिकार और निर्देशक तत्त्व एक-दूसरे के पूरक हैं
286. (ख) निर्देशक तत्त्व वाद योग्य हैं
287. (घ) नीति-निर्देशक तत्त्वों का कार्यान्वयन
288. (घ) मूल अधिकार निर्देशक तत्त्वों पर अभिभावी होंगे
289. (क) समाजवादी एवं कल्याणकारी राज्य की स्थापना
290. (ख) महिलाओं के लिए आरक्षण
291. (घ) कुटीर उद्योगों को बढ़ावा देना
292. (क) मुफ्त कानूनी सहायता
293. (ग) अनुच्छेद-36-51
294. (ख) ये वैधानिक शक्ति प्राप्त या न्याय योग्य नहीं हैं
295. (क) के.टी. शाह
296. (ख) नीति-निर्देशक सिद्धांतों का कार्यान्वयन
297. (क) नीति-निर्देशक तत्त्व
298. (ग) अनुच्छेद-40
299. (क) अंतरराष्ट्रीय शांति और सुरक्षा
300. (ख) जर्मनी
301. (ग) भाग-4, निर्देशक तत्त्व के अध्याय में
302. (घ) नीति-निर्देशक सिद्धांतों के महत्त्व को बढ़ाना
303. (ख) मूल अधिकार लक्ष्य हैं और नीति-निर्देशक तत्त्व वे साधन हैं, जिनके माध्यम से उन लक्ष्यों को प्राप्त करना चाहिए
304. (क) सरकार यह प्रयत्न करेगी कि जनसंख्या-नियंत्रण और परिवार कल्याण के कार्यक्रमों को प्रोत्साहन मिले
305. (ग) मिनर्वा मिल्स मामले में
306. (क) पायली
307. (ख) बिचौलियों का समापन
308. (ग) निर्देशक तत्त्व का
309. (ख) स्मारकों और राष्ट्रीय महत्त्व की वस्तुओं और स्थानों की

रक्षा—अनुच्छेद 48 (ए)

310. (क) नि:शुल्क कानूनी सहायता
311. (ख) राष्ट्रपति में
312. (ग) अनुच्छेद-54
313. (क) अनुच्छेद-55
314. (घ) अनुच्छेद-59
315. (क) निर्वाचक मंडल के कम-से-कम 50 मतदाताओं द्वारा समर्थित होना चाहिए
316. (घ) संसद् एवं राज्य विधानसभाओं के निर्वाचित सदस्य
317. (घ) स्थगित नहीं किया जा सकता
318. (ग) हाँ
319. (क) राज्य की सरकार संविधान के प्रावधानों के अनुसार नहीं चल सकती
320. (ग) फखरुद्दीन अली अहमद ने
321. (ख) राज्यपाल
322. (ख) पंजाब
323. (क) भारतीय डाकघर (संशोधन) अधिनियम, 1986
324. (ख) केंद्रीय मंत्रिमंडल
325. (क) संसद् के अधिवेशन में न रहने की स्थिति में
326. (घ) राष्ट्रपति उस पर अनुमति देने के लिए बाध्य है
327. (क) 12
328. (ग) उपराष्ट्रपति को
329. (घ) छह माह
330. (क) राष्ट्रपति
331. (घ) अनुच्छेद-59
332. (ख) सर्वोच्च न्यायालय के मुख्य न्यायाधीश से
333. (ख) डॉ. राजेंद्र प्रसाद
334. (ग) वी.वी. गिरि
335. (ख) 14 दिन पूर्व
336. (क) जब उस सदन के कम-से-कम तीन-चौथाई सदस्य ऐसे संकल्प को पारित कर दें
337. (घ) संविधान के अतिक्रमण के लिए लगाया जा सकता है
338. (क) अनुच्छेद-61
339. (ख) विमुक्ति बड़ी सीमित है और उसके विरुद्ध दो महीने का नोटिस देकर काररवाई की जा सकती है
340. (क) राष्ट्रपति
341. (ख) दोनों सदनों की संयुक्त बैठक नहीं बुला सकता है
342. (क) संसद् का
343. (क) लोकसभा का
344. (ख) राष्ट्रपति
345. (क) राष्ट्रपति
346. (क) छह सप्ताह की समाप्ति तक
347. (घ) एक सदन का सत्र में होना अध्यादेश जारी करने में बाधक होगा
348. (घ) दंड अथवा दंडादेश ऐसे विषय से संबंधित विधि के विरुद्ध अपराध है, जिस विषय पर राज्य कार्यपालिका शक्ति का विस्तार है
349. (घ) राष्ट्रपति एक स्वतंत्र अभिकर्ता है
350. (क) जिसे लोकसभा के बहुमत का समर्थन प्राप्त है
351. (ग) सदन में सबसे बड़े दल के नेता को
352. (ख) प्रधानमंत्री

353. (घ) राष्ट्रपति प्रधानमंत्री की सलाह से मंत्रियों को पदच्युत कर सकता है
354. (घ) भारत का राष्ट्रपति संसद् के दोनों सदनों को भंग कर सकता है
355. (ग) केवल साधारण विधेयकों के लिए
356. (क) केंद्रीय मंत्रिमंडल की सलाह
357. (क) वित्त विधेयक को पुनर्विचार के लिए वापस करना
358. (क) 1993 में
359. (घ) 1963
360. (ख) डॉ. राजेंद्र प्रसाद
361. (ग) तीन बार
362. (घ) 03-05-69 से 20-07-69
363. (घ) 20-7-67 से 24-8-69
364. (ग) चौदहवें
365. (ग) संविधान के अनुच्छेद-66 के अंतर्गत संसद् के दोनों सदनों के निर्वाचित सदस्यों द्वारा
366. (ख) राज्यसभा के तत्कलीन समस्त सदस्यों के बहुमत से पारित ऐसे संकल्प द्वारा जिससे लोकसभा सहमत हो
367. (ग) लोकसभा अध्यक्ष को
368. (ख) सर्वोच्च न्यायालय के मुख्य न्यायाधीश
369. (ख) राज्यसभा के सभापति के रूप में
370. (क) पाँच वर्ष
371. (ख) अनुच्छेद-65
372. (क) डॉ. सर्वपल्ली राधाकृष्णन्
373. (ग) डॉ. सर्वपल्ली राधाकृष्णन्
374. (क) राष्ट्रपति पद का
375. (ख) निर्वाचक मंडल के 20 मतदाताओं द्वारा प्रस्तावित और 20 मतदाताओं द्वारा समर्थित होना चाहिए
376. (घ) केवल संसद् के सदस्य ही भाग लेते हैं
377. (ग) उपराष्ट्रपति केवल संविधान के अतिक्रमण के लिए ही हटाया जा सकता है
378. (ख) पदेन सभापति होता है
379. (घ) ऐसा व्यक्ति भी इस पद पर चुना जा सकता है, जिसे राज्यसभा का समर्थन प्राप्त न हो
380. (ख) भारत सरकार के अधीन किसी लाभ के पद पर नहीं होना चाहिए
381. (घ) ब्रिटिश महारानी के समान
382. (ग) संयुक्त राज्य अमेरिका
383. (घ) कृष्णकांत
384. (क) राज्यसभा का सभापतित्व
385. (घ) बी.डी. जत्ती
386. (ग) डॉ. के.आर. नारायणन
387. (ग) ग्यारहवें
388. (ख) गवर्नर जनरल लॉर्ड इर्विन ने
389. (क) 12 द्वार
390. (ग) गोलाकार आकृति का है और इसके गुंबद का व्यास 29.9 मीटर तथा इसकी ऊँचाई 36 मीटर है
391. (ग) लगभग 83 लाख रुपए
392. (क) मई, 1952
393. (क) संघीय संसद् को
394. (क) भारत के राष्ट्रपति, लोकसभा तथा राज्यसभा से मिलकर

395. (घ) राज्यसभा
396. (ग) भारत का महान्यायवादी
397. (ख) लोकसभा अध्यक्ष
398. (ग) अनुच्छेद-248
399. (घ) जब राज्यसभा दो-तिहाई बहुमत से इस आशय का प्रस्ताव पारित कर घोषित कर दे कि यह विषय राष्ट्रीय महत्त्व का हो गया है
400. (क) साधारण विधेयक
401. (घ) अनुच्छेद-369
402. (ख) 60 दिन तक
403. (घ) संसद् के किसी भी सदन में
404. (क) केंद्रीय कक्ष में
405. (ख) भारतीय इस प्रणाली के अभ्यस्त हो चुके थे
406. (घ) उपर्युक्त तीनों दृष्टियों से
407. (घ) उपर्युक्त तीनों दृष्टियों से
408. (क) गणतंत्र और राजतंत्र
409. (ग) संसदीय सरकार की
410. (ख) मंत्रिपरिषद् एवं प्रधानमंत्री में
411. (ख) 2 वर्ष, 2 माह, 22 दिन
412. (घ) निर्वाचन आयोग की सलाह से राष्ट्रपति
413. (ख) ऐसी संसद् जिसमें किसी दल का स्पष्ट बहुमत नहीं होता
414. (घ) दहेज-निषेध विधेयक
415. (ग) अनुच्छेद-123
416. (ग) संसद् में प्रश्नकाल के ठीक बाद का समय
417. (घ) 12 बजे
418. (ख) संसदीय कार्यमंत्री
419. (ग) तारांकित प्रश्नों का
420. (क) अतारांकित प्रश्नों का
421. (ख) साधारण प्रश्न के लिए निर्धारित दस दिन की अवधि
422. (क) सर हरबर्ट बेकर
423. (ग) उस सभा के पीठासीन अधिकारी को
424. (ग) समयाभाव के कारण जिन पर चर्चा नहीं हो पाती
425. (घ) उपर्युक्त तीनों
426. (ख) कार्यपालिका का कार्यकाल निश्चित होता है
427. (क) राष्ट्रपति निरंकुश बन सकता है
428. (ख) निरंकुश और स्वेच्छाचारी शासन की
429. (घ) यथेष्ट प्रस्ताव होता है
430. (ग) संसद् संविधान के मूल ढाँच को संशोधित नहीं कर सकती
431. (ख) संकल्प
432. (घ) नियमों में शून्यकाल का स्पष्ट उल्लेख है
433. (क) प्रश्न
434. (ख) अनुच्छेद-81
435. (ख) अनुच्छेद-331
436. (घ) कुल सदस्य संख्या का दसवाँ भाग
437. (घ) किसी वित्त वर्ष के एक भाग के लिए पेशगी अनुदान
438. (घ) 50
439. (क) अनुच्छेद-93
440. (ग) राष्ट्रपति
441. (ख) ब्रिटेन
442. (क) नहीं, वह सिर्फ संसद् सदस्य के रूप में शपथ लेता है
443. (क) चरणसिंह
444. (ख) मई 2004
445. (क) 2 जून, 2004

446. (ग) तीसरी लोकसभा में
447. (घ) 10
448. (ख) एंग्लो-इंडियन समुदाय
449. (ख) 552
450. (क) शरद पवार
451. (ख) उत्तर प्रदेश
452. (क) लोकसभा अध्यक्ष
453. (ग) असम के स्वशासी जिलों की अनुसूचित जनजातियाँ
454. (ख) संसद् द्वारा पारित अधिनियम से
455. (ख) संसद् में प्रश्नकाल के दौरान पूछे जानेवाले वैसे प्रश्न जिनका उत्तर मौखिक दिया जाए
456. (क) सदन में मौखिक उत्तर चाहता है
457. (क) 20 प्रश्न
458. (घ) सदन के पटल पर लिखित उत्तर चाहता है
459. (ख) गणेश वासुदेव मावलंकर
460. (क) अनंतशयनम आयंगर
461. (ग) 17 अप्रैल, 1952
462. (घ) 13 मई, 1952
463. (ख) 4 वर्ष, 10 माह एवं 22 दिन
464. (ख) 4 अप्रैल, 1957
465. (ग) नेहरू मंत्रिमंडल के विरुद्ध सन् 1963 में आचार्य कृपलानी द्वारा
466. (घ) यशवंतराव बलवंतराव चह्वाण
467. (ख) सन् 1921 में
468. (ग) फ्रेडरिक ह्वाइट
469. (क) सभापति तालिका का कोई सदस्य
470. (क) लोकसभा अध्यक्ष
471. (क) लोकसभा अध्यक्ष
472. (ख) अध्यक्ष
473. (क) लोकसभा का उपाध्यक्ष
474. (ख) कार्य मंत्रणा समिति
475. (ख) 6 वर्ष
476. (घ) राज्सभा के सदस्यों द्वारा अपने में से किसी सदस्य को
477. (क) डॉ. एस. राधाकृष्णन्
478. (घ) 3 अप्रैल, 1952
479. (क) 2 अप्रैल, 1954
480. (क) अनुच्छेद-90(ग)
481. (क) 250
482. (घ) राज्य विधानसभाओं के सदस्य
483. (ख) 30 वर्ष
484. (ख) नहीं, प्रत्येक दो वर्ष बाद उसके एक-तिहाई सदस्यों की सदस्यता समाप्त हो जाती है
485. (घ) राज्यसभा में, राज्यों का प्रतिनिधित्व अमेरिका की सीनेट में अपनाए गए ढंग पर नहीं है
486. (ख) राज्यसभा के सदस्य उपराष्ट्रपति का चुनाव करते हैं
487. (घ) निर्बल
488. (ख) संसद् के सभी सदस्य
489. (घ) 25
490. (ग) सदन के पास
491. (ख) संशोधन विधेयक पारित नहीं माना जाएगा
492. (क) संसद् को राज्य सूची के विषयों पर कानून बनाने के लिए अधिकृत करना

493. (क) संविधान में संशोधन करने के विषय में
494. (घ) प्रधानमंत्री की सलाह से राष्ट्रपति
495. (ख) राष्ट्रपति के प्रसादपर्यंत
496. (ख) 6 माह
497. (घ) अनुच्छेद-75 (3) में
498. (ख) मात्र एक बार और अनुच्छेद-352
499. (ख) संघीय गृहमंत्री
500. (ग) सिर्फ कैबिनेट मंत्री
501. (ख) तीन प्रकार के—कैबिनेट मंत्री, राज्यमंत्री एवं उपमंत्री
502. (क) लोकसभा
503. (घ) गृह मंत्रालय के
504. (घ) यदि वह संसद् का सदस्य नहीं है
505. (ग) अनुच्छेद-97
506. (घ) अल्पमतीय सरकार
507. (क) अल्पमतीय सरकार
508. (ख) अनुच्छेद-75
509. (ख) गुलजारी लाल नंदा
510. (ख) प्रधानमंत्री प्रशासन एवं विधि-रचना संबंधी सभी प्रस्तावों के संबंध में कैबिनेट द्वारा लिये गए निर्णयों से राष्ट्रपति को अवगत कराए
511. (ख) अनुच्छेद-76
512. (घ) प्रधानमंत्री के लिए
513. (ग) अनुच्छेद-109
514. (ख) वार्षिक वित्तीय विवरण
515. (घ) अनुच्छेद-148
516. (ग) तीन प्रकार के—नीति निरनुमोदित कटौती प्रस्ताव, मितव्ययिता कटौती प्रस्ताव तथा सांकेतिक कटौती प्रस्ताव
517. (ख) नीति निरनुमोदित कटौती प्रस्ताव
518. (क) सांकेतिक कटौती प्रस्ताव
519. (क) धन विधेयक
520. (क) विनियोग विधेयक
521. (ख) धन विधेयक
522. (क) अनुच्छेद-108
523. (ख) 14 दिन तक
524. (क) अनुच्छेद-112
525. (ख) घाटे का बजट
526. (क) वित्त विधेयक
527. (ख) दो भागों में—रेल बजट और सामान्य बजट
528. (ख) विनियोग विधेयक
529. (ग) लेखा अनुदान
530. (क) नहीं, केवल ऐसे वित्त विधेयक हो सकते हैं, जिनमें केवल अनुच्छेद-110 में उल्लिखित मामलों का उपबंध हो और जिन्हें अध्यक्ष द्वारा धन विधेयक के रूप में प्रमाणित किया जाए
531. (क) 6 माह
532. (क) धन विधेयक पर दोनों सदनों के बीच असहमति होने की स्थिति में उसका निराकरण दोनों सदनों की संयुक्त बैठक में किया जाता है
533. (ख) वित्त विधेयक
534. (घ) लोकसभा अध्यक्ष
535. (ख) अटल बिहारी वाजपेयी
536. (ख) जे.बी. कृपलानी
537. (ग) मोरारजी देसाई

538. (क) इंदिरा गांधी
539. (घ) जर्मनी
540. (क) जब विश्वास प्रस्ताव और अविश्वास प्रस्ताव दोनों ही की सूचनाएँ प्राप्त होती हैं तो दूसरे को पहले से प्राथमिकता दी जाती है
541. (ख) तीन
542. (ख) अविशिष्ट विधायी शक्तियाँ
543. (ग) लोक लेखा समिति
544. (ग) विनियोग लेखा और उस पर महालेखा परीक्षक की रिपोर्ट की जाँच करना
545. (ग) कार्य मंत्रणा समिति
546. (क) 15 सदस्य लोकसभा से तथा 7 सदस्य राज्यसभा से
547. (क) लोक लेखा समिति
548. (घ) लोकसभा अध्यक्ष
549. (ख) लोक लेखा समिति
550. (ग) 15
551. (क) लोकसभा अध्यक्ष
552. (क) एक वर्ष
553. (घ) जनता द्वारा सदन के सम्मुख प्रस्तुत सामान्य हित संबंधी याचिकाओं पर विचार कर सदन को रिपोर्ट देना
554. (ग) 30
555. (क) 1 वर्ष के लिए
556. (घ) प्रति वर्ष प्रथम सत्र के आरंभ में
557. (ग) विभिन्न विभागों के वित्तीय अनुमानों की जाँच करना और मितव्ययिता लाने के लिए सुझाव देना
558. (ग) 15
559. (क) सदन और उसके सदस्यों के विशेषाधिकारों की रक्षा करना
560. (ख) सदन का अध्यक्ष
561. (ग) 15
562. (ख) एक वर्ष
563. (ग) महान्यायवादी को
564. (घ) मेंडेमस
565. (ख) 65 वर्ष
566. (घ) एडवोकेट जनरल
567. (घ) अधिकार पृच्छा
568. (ख) प्रतिषेध लेख
569. (घ) अनुच्छेद-329
570. (ख) न्यायमूर्ति रामास्वामी
571. (ख) एम. फातिमा बीबी
572. (घ) केशवानंद भारती बनाम भारत संघ
573. (ख) अनुच्छेद-129
574. (ख) अनुच्छेद-143
575. (घ) एक बार
576. (क) गोलकनाथ बनाम पंजाब
577. (घ) राज्य के उच्च न्यायालय के न्यायधीश की नियुक्ति राज्यपाल करता है।
578. (ख) स्वतंत्र और निष्पक्ष न्यायपालिका
579. (ग) सर्वोच्च न्यायालय पर
580. (क) संविधान की व्याख्या
581. (क) क्योंकि भारत में संघात्मक शासन-प्रणाली है
582. (घ) कार्यपालिका द्वारा नियुक्ति
583. (घ) मुख्य न्यायाधीश सहित 26 न्यायाधीश
584. (ख) सर्वोच्च न्यायालय के न्यायाधीशों की न्यूनतम संख्या निर्धारित है
585. (क) इसे संविधान के उपबंधों की व्याख्या के संबंध में अंतिम

निर्णय देने का प्राधिकार है

586. (घ) 5

587. (ख) राष्ट्रपति

588. (घ) एक चयन समिति से, जिसमें मुख्य न्यायाधीश के अतिरिक्त सर्वोच्च न्यायालय के चार वरिष्ठतम न्यायाधीश होने चाहिए

589. (क) न्यायाधीशों की नियुक्ति के मामले में भारत में संविधान में कार्यपालिका को निरपेक्ष शक्ति प्रदान की गई है

590. (ख) संविधान में इस बात का कोई उल्लेख नहीं किया गया है कि सर्वोच्च न्यायालय के वरिष्ठतम न्यायाधीश को ही मुख्य न्यायाधिपति नियुक्त किया जा सकता है

591. (ग) न्यायाधीशों की नियुक्ति करने की राष्ट्रपति की शक्ति एक वास्तविक शक्ति है और इस मामले में वह मंत्रिमंडल की सलाह मानने के लिए बाध्य नहीं है

592. (ख) अजित नाथ रे

593. (घ) जे.एम. शेल्ट

594. (क) विशुद्ध राजनीतिक आधार

595. (ख) एच.आर. खन्ना

596. (क) हाँ, यदि वह राष्ट्रपति की दृष्टि में पारंगत विधिवेत्ता हो

597. (क) संसद् की

598. (ख) संसद्

599. (ख) ऐसे न्यायालय को अवमानना के लिए किसी व्यक्ति को दंड देने की भी शक्ति है

600. (क) न्यायालय के किसी निर्णय, आदेश या रिट की अवज्ञा

601. (ख) सरकार के विरुद्ध नागरिकों द्वारा प्रस्तुत मुकदमे

602. (घ) दो या दो से अधिक राज्यों के बीच विवाद

603. (ग) प्रारंभिक अधिकारिता से संबंधित है

604. (ख) बेरूबारी मामले में

605. (ख) कनाडा

606. (क) उच्च न्यायालय ने अपील में किसी अभियुक्त के दोष-सिद्ध के आदेश को उलट दिया है और उसकी रिहाई का आदेश दे दिया है

607. (घ) राष्ट्रपति निर्वाचन का मामला, 1974

608. (ग) केशवानंद भारती बनाम केरल राज्य

609. (घ) सेवानिवृत्ति के बाद न्यायाधीशों के लिए अन्य कोई नियुक्ति स्वीकार करने पर प्रतिबंध

610. (ग) अनुदार प्रकृति का है

611. (क) गोलकनाथ मामले में

612. (ख) सक्रिय और निषेधात्मक भूमिका अदा करने वाला

613. (क) क्योंकि लोग सक्रिय और क्रिया-प्रधान दृष्टिकोण अपनाने लगे हैं

614. (ख) इंग्लैंड और अमेरिका के बीच की है

615. (ख) जिला एवं सत्र न्यायालय को
616. (क) 25
617. (ग) एम. हिदायतुल्लाह
618. (ख) कावेरी जल विवाद
619. (ख) संसद् के पास
620. (क) विधि के शासन पर
621. (ग) भारत
622. (क) न्यायालयों द्वारा विधि की वैधता की व्याख्या करने का प्राधिकार
623. (ग) सिविल, आपराधिक तथा संवैधानिक मुकदमों की अपीलें
624. (ख) सलाहकार की भूमिका में
625. (ग) हाउस ऑफ लॉर्ड्स स्वयं एक न्यायिक संस्था है
626. (ग) उच्चतम न्यायालय के कार्य की खरी तथा उदारतापूर्ण आलोचना पर पाबंदी है
627. (क) दंड का निलंबन या क्षमादान देना
628. (ख) अनुच्छेद-32
629. (घ) गोलकनाथ बनाम पंजाब सरकार
630. (ख) राष्ट्रपति
631. (घ) सर्वोच्च न्यायालय का मुख्य न्यायाधीश
632. (क) 6 वर्ष
633. (घ) पाँच राज्यों में (बिहार, महाराष्ट्र, कर्नाटक, उत्तर प्रदेश, जम्मू एवं कश्मीर)
634. (ख) संसद् द्वारा (लोकसभा और राज्यसभा)
635. (ग) राज्यपाल
636. (क) मुख्यमंत्री
637. (ख) राज्यपाल स्वविवेक के आधार पर अनुमति का निर्णय करेगा
638. (ख) 500 सदस्य
639. (क) प्रशासक
640. (घ) सदन की कुल सदस्य संख्या का दसवाँ भाग
641. (ग) चार माह की देरी कर सकती है, विधेयक को रोक नहीं सकती
642. (ख) वह दोनों सदनों द्वारा पारित माना जाएगा
643. (क) 6 वर्ष
644. (घ) 30 वर्ष
645. (ख) एक बार में 1 वर्ष बढ़ा सकती है
646. (ग) जम्मू एवं कश्मीर
647. (ग) 1/12
648. (घ) स्थायी
649. (घ) 1/3
650. (ग) प्रेम
651. (क) 5 वर्ष
652. (ग) राज्यपाल
653. (ख) चुनाव आयोग के परामर्श से राज्यपाल
654. (क) 14 दिन
655. (घ) 3 माह
656. (क) 1 माह
657. (ख) विधानसभा
658. (ग) अनुच्छेद-333
659. (ख) वार्षिक वित्तीय विवरण
660. (घ) राज्यपाल समिति
661. (घ) सरकारिया आयोग
662. (ख) राज्य के वित्तमंत्री
663. (क) राज्यपाल
664. (घ) चार (दिल्ली, दमन-दीव,

पांडिचेरी, अंडमान निकोबार द्वीप समूह)
665. (घ) हरगोविंद बनाम रघुकुल
666. (ग) अनुच्छेद-163(1)
667. (क) बिहार
668. (क) 1 से 14 वर्ष
669. (घ) प्रशासनिक सुधार आयोग
670. (घ) राज्य के संवैधानिक अध्यक्ष और केंद्र के अभिकर्ता की भूमिका
671. (ग) सैनिक शक्तियाँ
672. (ख) मोहनलाल सुखाड़िया
673. (क) डॉ. जाकिर हुसैन
674. (ग) राज्यपाल में
675. (घ) नेहरू युग में
676. (क) राज्यपाल की नियुक्ति से पूर्व संघीय सरकार संबंधित राज्य के मुख्यमंत्री से परामर्श ले लेती है
677. (घ) राज्यपाल
678. (घ) यूनुस सलीम
679. (ख) सुरजीतसिंह बरनाला
680. (ग) धनिकलाल मंडल
681. (ख) राज्यपाल की पदावधि प्रधानमंत्री की इच्छा पर निर्भर करती है
682. (ख) मृत्यु के दंडादेश के विरुद्ध क्षमादान
683. (ख) राष्ट्रपति
684. (ख) राज्य के उच्च न्यायालय के मुख्य न्यायाधीश
685. (ख) राष्ट्रपति के प्रसादपर्यंत
686. (ख) केंद्र एवं राज्य के मध्य कड़ी की
687. (ख) जम्मू एवं कश्मीर
688. (ग) अनुच्छेद-231(1)
689. (ग) संसद् को
690. (ख) 21
691. (घ) एक चयन समिति, जिसमें भारत के मुख्य न्यायाधीश और उनके दो वरिष्ठतम सहयोगी होते हैं
692. (ख) राष्ट्रपति को, सर्वोच्च न्यायालय के मुख्य न्यायाधीश की सलाह से
693. (ग) 62 वर्ष
694. (ख) न्यायाधीशों का उनकी सहमति के बिना स्थानांतरण
695. (घ) राष्ट्रपति की दृष्टि में पारंगत विधिवेत्ता हो
696. (ख) संसद् के पास
697. (ख) सरकारिया आयोग ने
698. (ग) कैदी को कानून के विरुद्ध जेल में न रखा जाए और उसे समीपस्थ न्यायाधीश के समक्ष पेश किया जाए
699. (घ) उत्प्रेषण
700. (क) उसे ऐसा करने से रोके
701. (घ) जिला एवं सत्र न्यायालय को
702. (ख) परमादेश
703. (क) उत्प्रेषण आदेश
704. (ग) लैटिन
705. (ख) उच्च एवं उच्चतम न्यायालय को
706. (घ) उपर्युक्त सभी
707. (क) संसद् को
708. (घ) उपर्युक्त सभी
709. (घ) उपर्युक्त तीनों
710. (क) संसद् को
711. (ख) राँची में

712. (क) इलाहाबाद उच्च न्यायालय में
713. (क) जोधपुर
714. (ग) जबलपुर
715. (घ) महाराष्ट्र, गोवा, दादर एव नगर हवेली और दमन दीव
716. (ग) नागपुर, पणजी एवं औरंगाबाद
717. (ख) सन् 1948 में
718. (क) चंडीगढ़
719. (क) केरल, लक्षद्वीप
720. (क) 11वीं
721. (क) राज्य सूची के अंतर्गत
722. (घ) अनुच्छेद-40
723. (क) राज्य वित्त आयोग
724. (ग) भाग-4
725. (ग) बलवंतराय मेहता समिति प्रतिवेदन
726. (क) बलवंतराय मेहता समिति ने
727. (ख) राजस्थान
728. (घ) पंचायत समिति
729. (घ) एक-तिहाई
730. (क) ग्रामसभा
731. (ख) खंड विकास अधिकारी
732. (ग) समन्वय एवं पर्यवेक्षण
733. (क) राजनीतिक चेतना का विकास
734. (घ) दलगत राजनीति
735. (ग) अशोक मेहता समिति
736. (ख) अशोक मेहता समिति
737. (ग) राजीव गांधी
738. (क) सन् 1959 में
739. (घ) 73वाँ संविधान संशोधन
740. (ख) नगर परिषद्
741. (ख) मतदाता सूची में उसका नाम हो
742. (क) त्रि-स्तरीय
743. (ख) आर.एल. पारीख समिति
744. (ख) राजस्थान नायक समिति
745. (घ) 5 वर्ष
746. (क) संबंधित राज्य का राज्यपाल
747. (घ) डॉ. इकबाल नारायण
748. (ख) प्रत्यक्ष एवं गुप्त मतदान
749. (घ) पंचायती राज संस्थाओं के चुनाव में
750. (ख) एक-तिहाई पद
751. (क) 29
752. (ख) पंचायती राज संस्थाओं का निर्वाचन कराना
753. (घ) 6 माह
754. (घ) भाग-9
755. (घ) भाग-11
756. (क) अनुच्छेद-245
757. (घ) राज्यपाल का पद
758. (ख) अनुच्छेद-356
759. (क) राजमन्नार समिति
760. (क) अनुच्छेद-256-261
761. (क) अकाली दल
762. (क) सरकारिया आयोग
763. (ख) अनुच्छेद-256
764. (ग) निगम कर
765. (ख) भू-राजस्व
766. (घ) तमिलनाडु और कर्नाटक
767. (ख) कावेरी जल विवाद
768. (ग) महाराष्ट्र, कर्नाटक और आंध्र प्रदेश
769. (क) अनुच्छेद-356 का प्रयोग राज्यपाल की रिपोर्ट के बिना भी किया जा सकता है
770. (घ) वी.पी. सिंह
771. (क) संविधान के मूल स्वरूप में कोई प्रबल परिवर्तन न तो

उचित है और न ही आवश्यक

772. (घ) जब राज्यसभा उपस्थित सदस्यों के दो-तिहाई विशेष बहुमत से एक प्रस्ताव पारित करे

773. (क) अनुच्छेद-245-255

774. (ख) योजना आयोग और वित्त आयोग के बीच अधिक समन्वय जरूरी है

775. (ग) भारत सरकार अधिनियम, 1935

776. (घ) कनाडा

777. (ख) केंद्र और राज्य

778. (क) अनुच्छेद-300(क)

779. (ख) अनुच्छेद-262

780. (ग) अंतरराज्यीय परिषद्

781. (क) 28 मई, 1990

782. (घ) राज्यपाल

783. (क) वर्ष 1996 में

784. (क) 11 नवंबर, 1999

785. (घ) 20 मई, 2000

786. (घ) न्यायपालिका को कार्यपालिका से पृथक् करने के लिए

787. (घ) अनुच्छेद-312

788. (ख) अनुच्छेद-323(क)

789. (ग) भारतीय राजस्व सेवा

790. (घ) राज्यसभा द्वारा दो-तिहाई बहुमत से प्रस्ताव पारित करना

791. (क) अनुच्छेद-356

792. (क) अनुच्छेद-311

793. (ग) सन् 1966 में

794. (घ) ब्रिटिश साम्राज्य

795. (क) केंद्र सरकार

796. (क) अखिल भारतीय सेवा (संशोधन) अधिनियम, 1963 के आधार पर

797. (ग) संघ लोक सेवा आयोग

798. (क) उच्चतम न्यायालय ने

799. (घ) अखिल भारतीय लेखा निरीक्षण सेवाएँ

800. (क) मैसूर में स्थापित प्रशासनिक शिक्षा केंद्र

801. (घ) भारतीय वैदेशिक सेवा की विभिन्न परीक्षाएँ

802. (ग) अनुच्छेद-324

803. (घ) अनुच्छेद-338

804. (ख) प्रधानमंत्री

805. (क) अनुच्छेद-320 में

806. (ग) सरकारिया आयोग

807. (ख) अनुच्छेद-263

808. (घ) अनुच्छेद-280

809. (ख) कैबिनेट मंत्री के समान

810. (क) योजना आयोग

811. (क) वित्त आयोग

812. (ख) कर्मचारियों की भरती

813. (घ) राष्ट्रपति

814. (ग) 6 वर्ष तक अथवा 65 वर्ष की आयु तक

815. (क) राष्ट्रपति को

816. (ख) संसद्

817. (ग) राज्यपाल

818. (ख) अनुच्छेद-315

819. (ख) परामर्शदात्री संस्था

820. (घ) प्रत्येक पाँच वर्ष के पश्चात्

821. (घ) समानुपातिक प्रतिनिधित्व

822. (घ) अनुच्छेद-324

823. (क) दो

824. (ख) 6 वर्ष या 65 वर्ष की आयु तक

825. (घ) उपर्युक्त सभी
826. (ग) निर्वाचन आयुक्तों का सेवा-निवृत्ति कार्यकाल 6 वर्ष या 62 वर्ष है
827. (ख) यह सलाहकारी निकाय है
828. (क) राष्ट्रपति
829. (क) मुख्य निर्वाचन आयुक्त
830. (ख) ब्रजेश मिश्र
831. (क) प्रगतिशील
832. (ख) परिसीमन आयोग
833. (ख) सुकुमार सेन
834. (ग) वी.एस. रमादेवी
835. (ख) सन् 1951 में
836. (ख) जन प्रतिनिधित्व अधिनियम
837. (ख) सन् 1966 में
838. (क) टी.एन. शेषन
839. (घ) 65 वर्ष
840. (ग) अनुच्छेद-325
841. (ख) अनुच्छेद-337
842. (क) अनुच्छेद-370
843. (क) जम्मू एवं कश्मीर
844. (ख) जाति पिछड़ेपन की अवधारणा की एकमात्र कसौटी है
845. (क) भाग-22
846. (ख) अनुच्छेद-371(क)
847. (घ) सन् 1953 में
848. (ख) 30 मार्च, 1955 को
849. (ग) 20 सितंबर, 1978
850. (ग) 6
851. (घ) 31 दिसंबर, 1980
852. (ख) पिछड़ी जाति के लिए शैक्षिक संस्थाओं के प्रवेशों में 27 प्रतिशत आरक्षण हो
853. (ख) अनुच्छेद-30
854. (ग) शाहबानो केस
855. (ग) जनसंख्या के अनुपात में
856. (क) भाग-16
857. (ख) हिंदी
858. (घ) संघ की भाषा के रूप में अंग्रेजी का प्रयोग अनिश्चित काल तक जारी रहेगा।
859. (ख) राष्ट्रपति
860. (क) सन् 1995 में
861. (घ) श्री वी.जी. खेर
862. (क) राष्ट्रपति से संघ के शासकीय प्रयोजन के लिए हिंदी के अधिक-से-अधिक प्रयोग आदि के संबंध में सिफारिश करना
863. (क) अधिकृत रूप से मान्यता प्राप्त 22 भाषाओं के लिए 11 प्रमुख लिपियों का प्रयोग होता है।
864. (ग) ब्राह्मी
865. (क) अनुच्छेद-343
866. (घ) अनुच्छेद-351
867. (ख) मैथिली
868. (क) 30 (लोकसभा के 20 तथा राज्यसभा के 10 सदस्य)
869. (घ) राजभाषा आयोग द्वारा प्रस्तुत संस्तुतियों की परीक्षा करना और राष्ट्रपति को प्रतिवेदन देना
870. (क) अनुच्छेद-344
871. (क) अनुच्छेद-350
872. (घ) संविधान के राजभाषा संबंधी भाग को 'मुंशी-आयंगर सूत्र' के नाम से भी जाना जाता है
873. (ख) भाग-17

874. (क) 4
875. (क) 22
876. (घ) 14 सितंबर
877. (ग) नागपुर
878. (ग) एक बार भी नहीं
879. (घ) आपात उपबंध
880. (क) एक मास के अंदर
881. (ख) युद्ध या बाह्य आक्रमण अथवा सशस्त्र विद्रोह होने की स्थिति में
882. (क) 6 माह तक
883. (घ) राष्ट्रपति
884. (घ) आंतरिक अशांति
885. (घ) 1 माह के अंदर
886. (ग) पूरे देश के लिए या देश के किसी एक या कुछ भागों के लिए
887. (ख) समाप्त या सीमित
888. (क) सन् 1965 में
889. (ख) सन् 1975 में
890. (ख) 6 माह के लिए
891. (क) तीन बार
892. (क) जर्मनी
893. (ग) 26 अक्तूबर, 1962
894. (ख) पंजाब
895. (ग) अनुच्छेद-370
896. (ख) 1957
897. (क) जम्मू एवं कश्मीर
898. (ख) जम्मू एवं कश्मीर
899. (घ) अनुच्छेद-370
900. (ग) अनुच्छेद-352
901. (ख) अनुच्छेद-360
902. (घ) जम्मू एवं कश्मीर
903. (ग) भाग-21
904. (घ) निगम कर
905. (घ) भू-राजस्व
906. (क) नियंत्रक एवं महालेखा परीक्षक
907. (ग) संघ सरकार
908. (घ) अशोक चंद्रा
909. (ख) सरकारिया आयोग
910. (ख) अनुच्छेद-368
911. (ख) 10वाँ संविधान अधिनियम, 1961
912. (क) अनुच्छेद-368
913. (घ) संसद् में
914. (ग) 52वाँ सविधान संशोधन
915. (ग) पहल की शक्ति नहीं है
916. (ग) 44वाँ संशोधन
917. (ख) 52वाँ संशोधन
918. (क) 61वाँ संशोधन
919. (ग) 42वाँ संशोधन
920. (ख) 24वाँ संविधान संशोधन
921. (घ) 42वें
922. (ग) महिला वर्ग
923. (क) 11वीं अनुसूची
924. (क) एक-तिहाई पद
925. (ख) भाग-20
926. (ख) लचीला होते हुए भी कठोर संविधान है
927. (ग) 24वाँ संविधान संशोधन
928. (क) संशोधन विधेयक पर संसद् के दोनों सदनों में मतभेद होने पर संसद् के दोनों सदनों की संयुक्त बैठक का प्रावधान है
929. (ग) सन् 1951 में
930. (क) 93
931. (घ) 42वाँ संविधान संशोधन
932. (ग) किसी भी सदन में
933. (ग) नागरिकता
934. (ख) 44वें संविधान संशोधन द्वारा

935. (क) 36वें संविधान संशोधन में
936. (ग) लोकसभा एवं राज्य विधानसभाओं में अनुसूचित जाति एवं जनजाति के लोगों के लिए आरक्षण से
937. (ग) 42वाँ संविधान संशोधन-1976
938. (ग) 42वाँ संविधान संशोधन
939. (ग) 26वें संशोधन अधिनियम द्वारा
940. (क) 31वें संशोधन ने
941. (ग) 36वें संविधान संशोधन (1975) में
942. (ग) 9वीं अनुसूची में
943. (घ) उपर्युक्त सभी
944. (ख) केंद्र-राज्य में शक्तियों के बँटवारे से
945. (ग) राज्य सूची के विषयों पर कानून बनाने का अधिकार संसद् ले लेती है
946. (ग) 3
947. (घ) 12
948. (ख) 11वीं अनुसूची में
949. (क) भाषाओं से
950. (घ) ऑस्ट्रेलिया
951. (क) विवाह और विवाह विच्छेद
952. (ग) 66 विषय
953. (ग) अनुच्छेद-249
954. (ग) पुलिस
955. (घ) वन
956. (ख) सीमा-कर
957. (क) आर्थिक और सामाजिक नियोजन
958. (ख) ऑस्ट्रेलिया
959. (ग) सीमा-कर
960. (ख) न्याय
961. (घ) जनसंख्या नियंत्रण
962. (क) चौथी अनुसूची
963. (ग) संघीय संसद्
964. (घ) 10वीं अनुसूची
965. (ख) 5वीं तथा छठी अनुसूची में
966. (क) 22 जुलाई, 1947 को
967. (ख) सारनाथ में स्थित अशोक की लाट। भारत सरकार ने इसे 26 जनवरी, 1950 को अपनाया। इस लाट के नीचे देवनागरी लिपि में मुंडकोपनिषद् का सूत्र 'सत्यमेव जयते' लिखा है
968. (क) जन-गण-मन (रवींद्रनाथ टैगोर द्वारा 'गीतांजलि' में लिखित इसे पूरा गाने में 52 सेकंड का समय लगता है। भारत सरकार ने इसे 26 जनवरी, 1950 को अपनाया।)
969. (क) वंदे मातरम्...
970. (घ) ग्रिगेरियन कैलेंडर के साथ-साथ शक संवत् चैत्र, 365 दिन। इसे 22 मार्च, 1957 को अपनाया गया
971. (क) बाघ (पैंथर टाइग्रिस लिनियस)
972. (ग) मयूर
973. (घ) सभी सिक्कों, रुपयों, सरकारी कागज-पत्रों तथा मुहरों पर
974. (क) 22 फरवरी, 2000
975. (घ) 11
976. (ग) सन् 1950-51 में
977. (ग) 9वीं अनुसूची

978. (ख) सन् 1954 में
979. (क) कांग्रेस कार्यसमिति की एक उपसमिति ने
980. (ग) सन् 1967 में
981. (घ) 24वें संशोधन अधिनियम के रूप में
982. (क) स्वर्ण सिंह समिति ने
983. (ग) सन् 1976 में
984. (घ) जनता पार्टी के शासन काल में
985. (क) सन् 1987 में
986. (ग) संघ और राज्य संबंध
987. (घ) 10
988. (ख) न्यायमूर्ति वेंकट चलैया
989. (ग) 10
990. (ख) सुमित्रा कुलकर्णी
991. (क) 31 मार्च, 2002
992. (घ) केंद्रीय विधि मंत्री को
993. (ग) 1976 पृष्ठ
994. (ग) 249
995. (ग) 58
996. (क) 86
997. (ग) काररवाई कार्यकारी के माध्यम से कार्यान्वित करने के लिए
998. (ग) संविधान समीक्षा आयोग ने
999. (ग) 68 वर्ष
1000. (घ) अनुच्छेद-19

□□□